365 Dinge aus Papier und Pappkarton

Fiona Watt

Über dieses Buch

Dieses Buch steckt voller Bastelideen für Collagen und Figuren aus Papier und Pappe. Dafür kannst du alles Mögliche wiederverwerten – Papier aus alten Zeitungen, altes Geschenkpapier oder Pappe aus Schachteln und Verpackungen.

Inhalt

Seite

69
Affen-Collage – Seite 28

Allerlei zum Basteln

Auf dieser Doppelseite findest du einige schöne Dinge, die du alle verwenden kannst, um die Ideen in diesem Buch umzusetzen.

1 Eine Collage machen

Schneide allerlei Formen aus Altpapier und Pappe. Klebe sie dann zu einem großen Bild zusammen.

Luftverkehr

2 Einfaches Flugzeug

1. Falte zwei Blatt Papier jeweils in der Mitte, übertrage darauf die Formen, die du hier siehst, und schneide sie aus.

2. Öffne deine Formen. Nun kannst du auf ein großes Blatt Papier zuerst die Flügel, dann Rumpf und Heck aufkleben.

Male Fenster entlang des Passagierflugzeugs.

3 Wolken

Male eine Wolke mit Wachsmalkreide oder Pastellkreide. Verreibe die Farbe mit dem Finger und fahre mit dem Stift noch einmal drum herum.

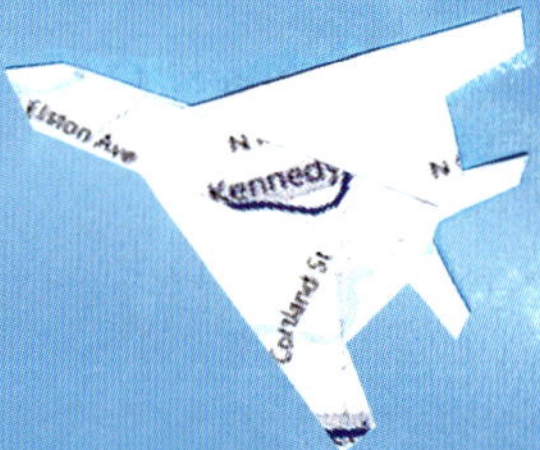

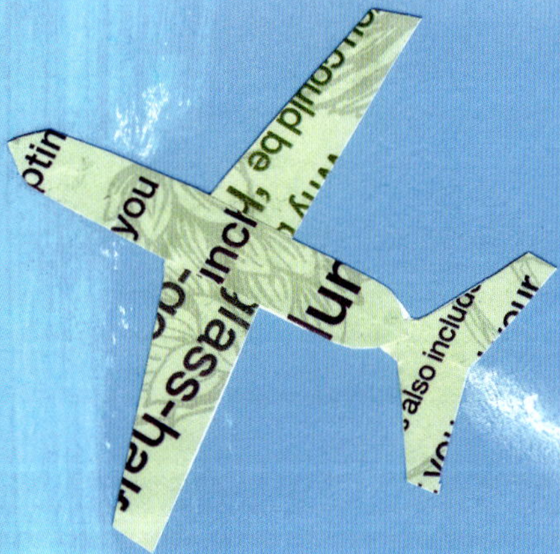

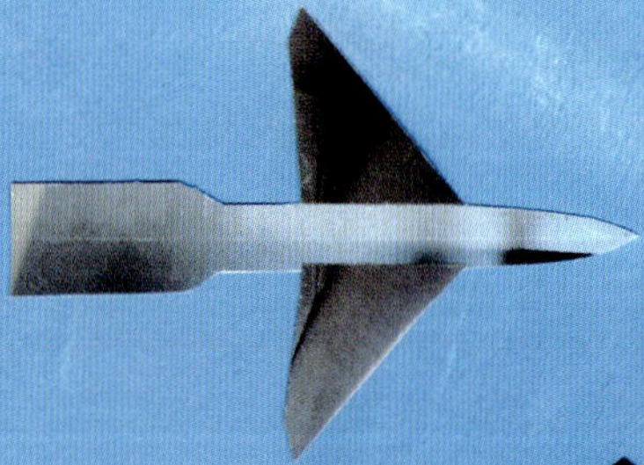

5 Triebwerke

Schneide vier kleine Formen für die Triebwerke aus und klebe sie auf die Vorderkante der Flügel.

4 Transportflugzeug

Gestalte Rumpf und Flügel einfach etwas breiter.

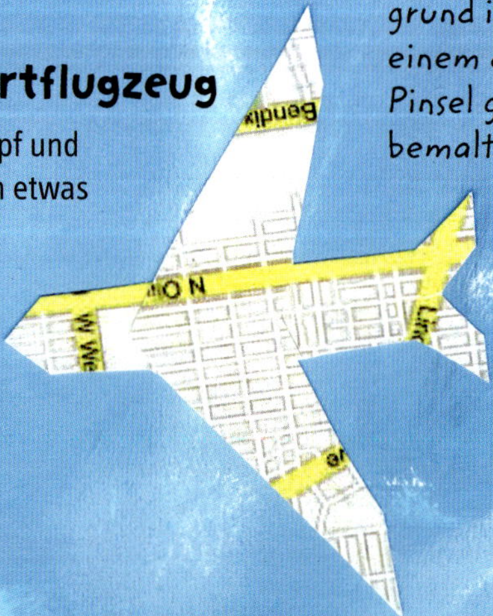

Der Bildhintergrund ist mit einem dicken Pinsel großflächig bemalt.

6 Schauflieger-Staffel

Bastle mehrere ähnliche Flugzeuge und klebe sie so auf, dass sie wie im Formationsflug erscheinen.

7 Kondensstreifen

Mit einem weißen Wachsmalstift zeichnest du hinter den Flieger eine Kondensspur. Verreibe sie ein wenig mit dem Finger.

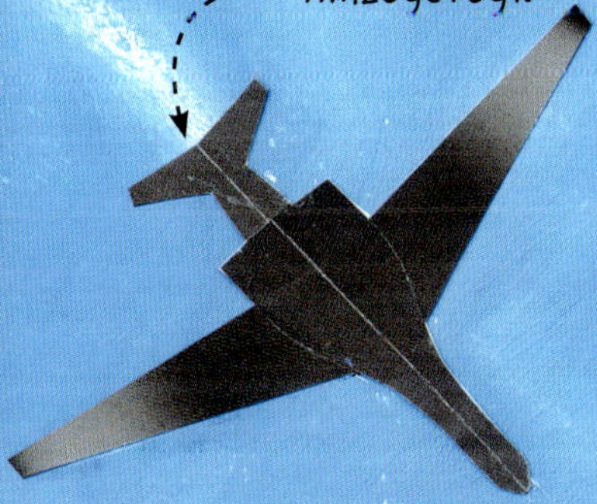

8 Flugzeug-Oldtimer

Für Flügel, Rumpf und Heck zeichnest du diese Formen ab. Vorne fügst du noch einen Propeller an, Heck und Flügel verzierst du mit gestreiftem Papier – fertig!

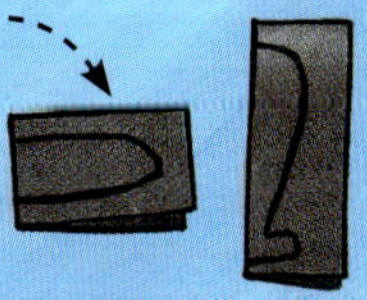

9 Verschiedene Papiere

Verwende für die Flieger alle möglichen Papiersorten – Millimeterpapier, alte Landkarten, Zeitungsbögen.

Gefaltete Schachtelmännchen

10

Einfache Figur

1. Für Kopf und Körper schneidest du einen Streifen aus dickem Papier und faltest ihn dann so zusammen:

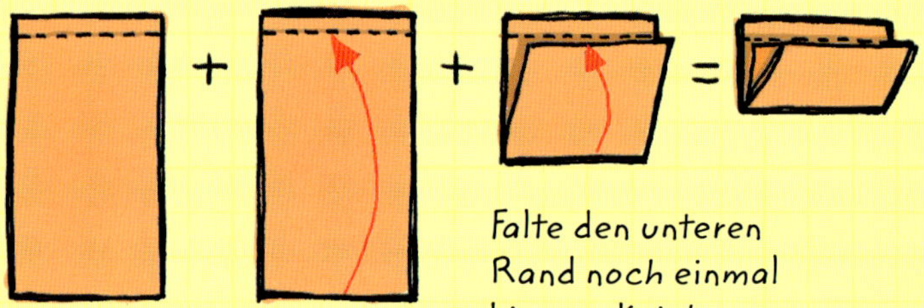

Knicke den oberen Papierrand um und öffne ihn wieder. So hast du eine Klebekante.

Den unteren Rand faltest du nun bis zum Knick der Klebekante nach oben.

Falte den unteren Rand noch einmal bis zum Knick.

2. Jetzt öffnest du das Papier wieder, fügst es zu einer viereckigen Schachtelform zusammen und klebst die Klebekante innen an der Schachtel fest.

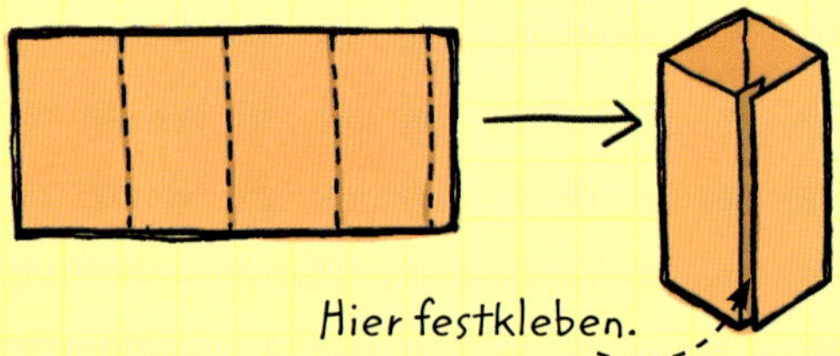

Hier festkleben.

3. Für die Nase schneide einen schmaleren Streifen. Du faltest ein Ende drei mal nach innen um und schneidest den Rest ab.

Einmal ... zweimal ... dreimal ... schnipp.

4. Falte die Nase zu einem Dreieck, klebe es zusammen und dann auf das Gesicht. Male noch Augen und Mund dazu.

Hier zusammenkleben

Du kannst auch einen kleinen Schlips ausschneiden und ankleben.

11

Kragen und Krawatte

Schneide einen Streifen für den Kragen und füge dann eine Krawatte aus gemustertem Papier hinzu.

12

Streifenhemd

Klebe das gestreifte Papier zunächst auf einer Seite des Schachtelmännchens an, bevor du ihm das Hemd dann umlegst (siehe Schritt 1).

13 Haare

Lege das Schachtelmännchen auf ein Stück Papier und zeichne den Umriss des Kopfes nach. Dann malst du Haare. Schneide die „Frisur“ aus und stecke sie dem Männchen auf.

14 Ohren

Die Ohren machst du genau wie die Nase und klebst sie dem Männchen seitlich an.

15 Zylinderhut

Für die Hutkrempe benutzt du etwas Rundes als Schablone. Schneide den Kreis aus. Dann klebst du einen Papierstreifen zu einer Röhre zusammen. Die stellst du auf den Kreis und klebst sie fest.

Schiff Ahoi! – Reger Schiffsverkehr

16 Schiff auf hoher See

1. Klebe ein paar Streifen blaues Papier am unteren Rand eines Blattes entlang auf. Dann schneidest du den Schiffsrumpf aus und klebst ihn darauf.

2. Schneide einen dünnen Streifen für den Mast und klebe ihn auf. Nun fügst du das Segel hinzu und zeichnest noch ein paar Seile vom Segel zum Mast.

3. Dein Schiff zieht eine Kielwasserspur: Tauche einen trockenen Pinsel in dickflüssige, weiße Farbe und tupfe damit rund um Heck und Schiffsboden.

Mit einem weißen Buntstift kannst du noch ein paar Vögel in den Himmel zeichnen.

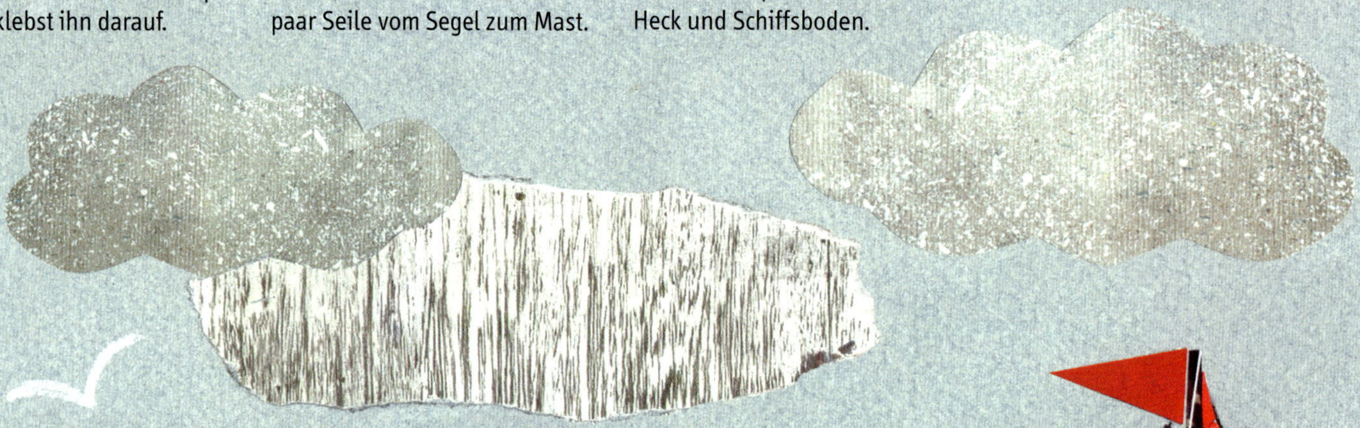

17 Fischerboot

Für die Fischerboote überträgst du diese Formen. Verwende unterschiedliche Papiere für Kabinen, Mast und Segel.

Dieses Meer besteht aus mehreren Lagen Seidenpapier.

19 Gewitterwolken

Aus Altpapier reißt oder schneidest du Formen von Wolken aus und klebst sie quer über den Himmel.

Lass viele verschiedene Boote über das Wasser fahren!

18 Kreuzfahrtschiff

Nimm ein Stück Pappkarton für den Schiffsrumpf. Dann fügst du Masten und Segel aus Papier hinzu.

Pinguin-Bild

20 Hintergrundgestaltung

1. Nimm einen dicken Pinsel und bemale altes Zeitungspapier dick mit blauer und weißer Farbe. Gut trocknen lassen.

2. Schneide Formen für Wellen, Eis und Berge aus und klebe sie auf einen großen schwarzen Tonkarton.

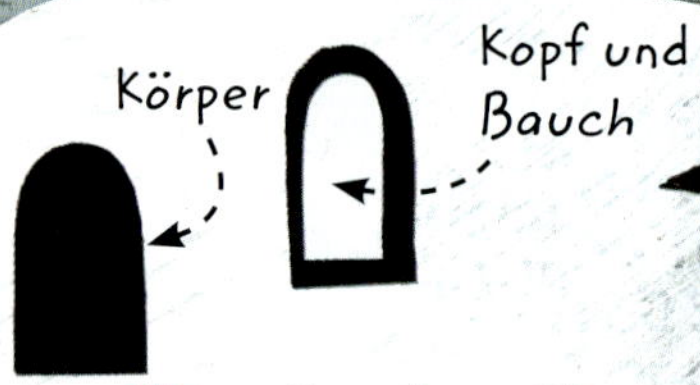

21 Papier-Pinguin

Schneide die Form für den Körper aus schwarzem Papier, die für Kopf und Bauch aus weißem. Die schwarz-weiße Form klebst du auf den grobflächig bemalten Hintergrund. Nun malst du deinem Pinguin noch Schnabel, Auge, Flossen und Schwanz.

Soll dich der Pinguin direkt anschauen? Dann male ihm einfach zwei Augen und zwei Flossen.

22 Auf Tauchgang

Schneide eine schmale, weiße Form für Kopf und Bauch und beklebe damit eine Hälfte des schwarzen Körpers. Den Körper klebst du so auf, dass er nach unten zeigt. Dann malst du noch zwei Flossen dazu.

Diese Fische sind aus Alufolie geschnitten.

23 Vollmond

Schneide einen Kreis aus angemaltem Zeitungspapier und klebe ihn in den Himmel.

24 Sternenhimmel

Nimm einen weißen Buntstift oder einen Silberstift und zeichne damit viele kleine Sterne in den Himmel.

25 Pinguine am weiten Horizont

Schneide immer kleinere Pinguinformen aus. Wenn du sie hintereinander aufklebst, sieht es aus, als wären sie weit weg am Horizont.

26 Pinguinbaby

Für den Körper nimmst du graues Papier, für Kopf und Gesicht schwarzes und weißes. Dann malst du Auge, Schnabel und Flosse auf.

27 Schwimmender Pinguin

Schneide Körper, Kopf und Bauch aus und klebe alles waagerecht ins Meer. Vorne am Kopf malst du einen Schnabel und seitlich daneben die Flossen.

Katzen-Collage

Diese Katzen entstanden aus einer Papiertüte mit einem großen Schriftzug darauf.

28 Stehende Katze

1. Schneide oder reiße eine Form für Kopf und Körper aus einem Stück Papier. Füge einen kleinen Papierkragen an oder male einen Hals.

2. Nimm einen schwarzen Holz- oder Filzstift, um Beine und Schwanz zu malen. Füge noch Nase, Augen und Ohren hinzu.

Die Augen zeichnest du „u"-förmig.

30 Ganz schön „putzig"!

Zeichne eine gebogene Pfote unter den Kopf der Katze und füge eine kleine Zunge hinzu.

29 Schlafende Katze

Reiße eine gebogene Form für den Körper aus, und klebe den Kopf ein wenig überlappend auf den Körper auf.

31 Kleine Maus

Reiße einen birnenförmigen Körper aus. Male dann Augen und Ohren, eine Nase, Füße und einen Schwanz dazu.

Male Schnurrhaare.

Käfigvögel

32 Vogel im Käfig

Schneide eine einfache Vogelform aus und male mit einem weißen Buntstift ein Auge auf. Dann zeichnest du eine Stange, setzt den Vogel darauf und malst darüber Gitterstäbe für den Käfig.

33 „Sprechblasen"

Schneide einen Vogel mit einem geöffneten Schnabel aus, dazu eine „Sprechblase", wie du sie aus Comics kennst. Was piept der Vogel denn? Schreib es hinein.

34 Standkäfige

Male ein gerades oder gebogenes Gestell unter den Käfig.

Teich-Bild

35 Hintergrundgestaltung

1. Tauche den Pinsel in dickflüssige Farbe und streiche quer über das Papier, sodass die Pinselstriche gut sichtbar sind.

2. Mit einer Wachsmalkreide zeichnest du Linien oder Muster auf ein Stück Papier. Dann malst du mit Wasserfarbe darüber.

3. Mit Buntstiften malst du Linien und Kritzelstriche auf ein bemaltes Blatt Papier.

37 Fleißige Bienchen

Mit einem schwarzen Holzstift zeichnest du Streifen auf den gelben Körper der Biene.

38 Schilfgras

Für die Rispen nimmst du am besten Papier von alten Zeitschriften oder Tonpapier.

36 Sitzender Frosch

Schneide einzelne Formen für Körper, Beine, Augen und Mund aus und klebe sie zu einem Frosch zusammen.

40

Marienkäfer

Schneide die Formen für Körper, Flügel, Kopf und Fühler aus. Füge schwarze Punkte und Beinchen hinzu.

Flieg, Käfer, flieg! Male wellige Linien hinter die Käfer.

41

Libelle

Beklebe den Körper mit kleinen Papierstreifen. Du kannst dafür auch Tonpapier verwenden, das du mit Wachsmalkreide streifig bemalst.

39

Ente

Schneide einzelne Formen für Körper, Flügel, Schwanz, Hals und Kopf aus. Füge ein Auge und zwei Formen für den Schnabel hinzu.

Teich und Entenkörper sind mit wasserfester Wachsmalkreide bemalt.

Papier von einer Tüte

Quallen aus Seidenpapier

Trage für den Hintergrund dickflüssige, blaue Farbe in mehreren Lagen auf, so dass die Pinselstriche sichtbar sind. Du musst nicht warten, bis eine Lage getrocknet ist, bevor du die nächste aufträgst.

Flecken und Tentakel dieser Quallen sind alle mit Pastellkreide gemalt.

42 Einfache Qualle

1. Den Körper schneidest du kuppelförmig aus Seidenpapier aus und klebst ihn auf ein Stück Papier.

2. Auf die Unterseite der Qualle klebst du eine Form, die aussieht wie ein Blatt. Nun malst du noch Tentakel und weiße Flecken auf.

43 Glitzerfisch

Den Fisch schneidest du aus Silberpapier von einer Schokoladenverpackung. Für Flossen und Schwanz nimmst du Seidenpapier.

45

Gefleckte Qualle

Klebe der Qualle ein paar Flecken aus Seidenpapier auf und male noch welche dazu.

Unten in die Mitte kannst du auch einen langen Streifen aus Seidenpapier als Tentakel kleben.

44

Gestreifte Qualle

Schneide gebogene Streifen aus Seidenpapier und klebe sie auf den Körper der Qualle.

46

„Doppeldecker"

Schneide zwei Körper aus und klebe sie übereinander.

Oldtimer-Collage

47 Alte Limousinen

Es muss nicht zu ordentlich aussehen.

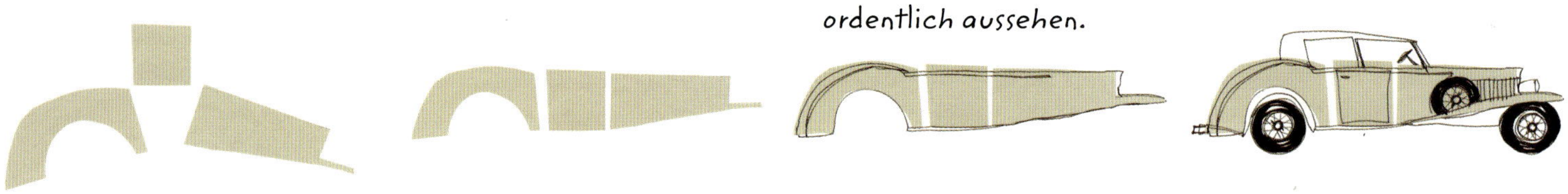

1. Zeichne zunächst die Formen für den hinteren Kotflügel, die Tür und die Vorderhaube und schneide diese aus.

2. Klebe sie auf ein Blatt Papier, aber lass dazwischen kleine Abstände.

3. Nimm einen feinen, schwarzen Stift und fahre die Formen knapp innerhalb der Schnittkante auf dem Papier nach.

4. Nun zeichnest du Autodach und Lenkrad. Füge noch Fenster, Räder, ein Ersatzrad und Scheinwerfer hinzu.

Wie soll dein Oldtimer aussehen? Diese Seiten geben dir ein paar Anregungen.

Diese beiden Autos sind alte Rennwagen.

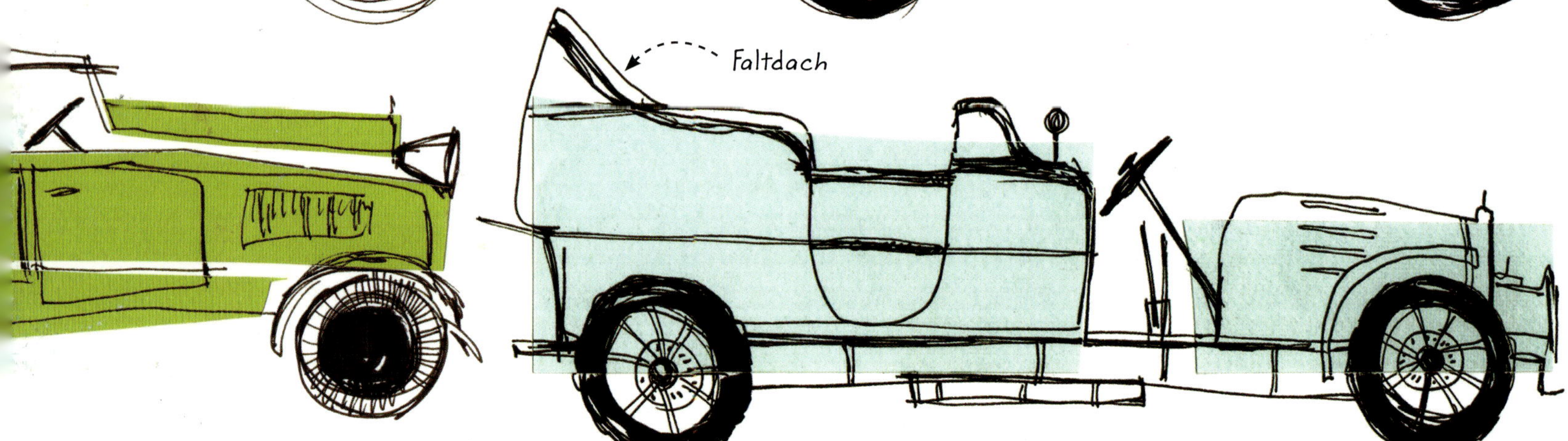

48 Papierdach

Schneide zwei Streifen Papier – einen für das Dach und einen für die Karosserie. Zeichne feine, senkrechte Linien für die Fensterrahmen ein.

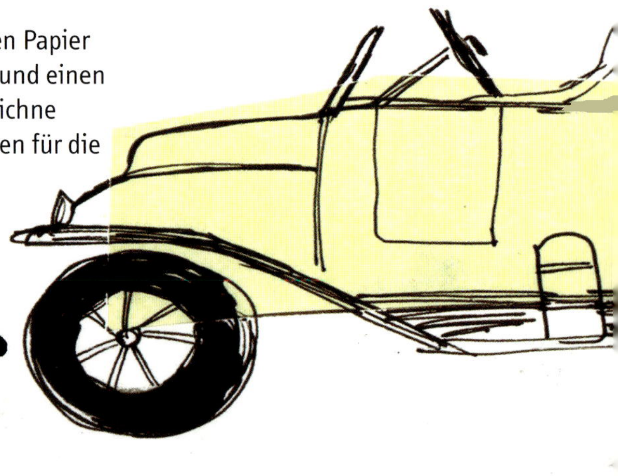

50 Radspeichen

Zeichne mehrere feine Linien innerhalb des Radrahmens – die Speichen des Oldtimers.

Oldtimer hatten das Ersatzrad meist an der Außenseite des Fahrwerks befestigt.

49 Altes Feuerwehrauto

Zeichne ein altes Feuerwehrauto mit großen Suchscheinwerfern und Ausrüstung auf dem Heck.

51 Tintenkleckse

Tauche einen Pinsel in schwarze Tinte ein und verteile damit dicke Kleckse über das Blatt.

Früher haben die Feuerwehrmänner eine Glocke seitlich am Fahrzeug geläutet.

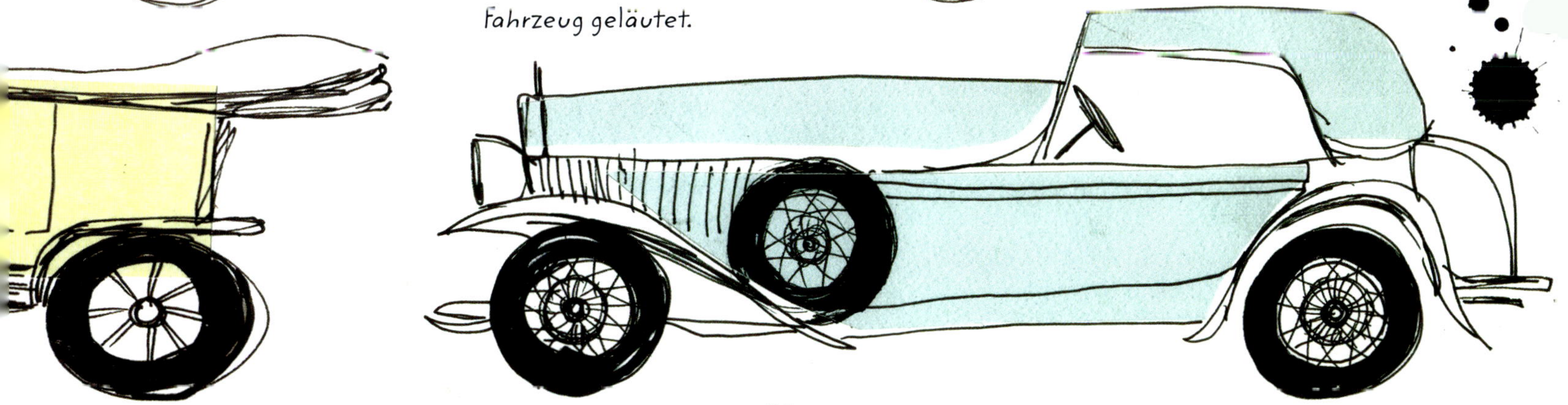

Stehende Blumen

Diese Blumen sind alle aus Papier und Tonkarton gemacht. Durch den Pappständer an der Rückseite können sie aufrecht stehen.

52 Einfache Blume

1. Beklebe einen dünnen Tonkarton mit farbig gemusterten Papieren. Zeichne darauf die Formen nach, die du oben siehst, und schneide sie aus.

2. Füge die einzelnen Teile mit Klebstoff zusammen. Die Blüte verzierst du mit Schnörkeln und kleinen Kreisen, die Vase mit Papierstreifen.

3. Für den Pappständer schneidest du ein Rechteck aus Wellpappe, das so hoch ist wie die Vase, und klebst es dann von hinten auf.

An den Blumenstil kannst du genauso Knospen wie Blätter anbringen.

4. Biege das Mittelteil einer Büroklammer auf und drücke es in eine Kerbe der Wellpappe.

53 Kunstvolle Vase

Schneide eine Vase mit breitem Boden, schmalem Hals und bauchigen Seiten.

54 Blumenstrauß

Schneide mehrere Blumen aus und verteile sie in einer Vase.

55 Handgezeichnete Muster

Anstatt gemustertes Papier zu nehmen, kannst du deine Blüte fantasievoll selbst ausmalen.

56 Blütenpracht

Schneide viele bunte Streifen und klebe sie rings um die kreisförmige Blütenmitte. In die Blütenmitte klebst du weitere bunte Kreise übereinander.

Du kannst ein Papier auch bunt bekritzeln und danach ausschneiden – so wie hier.

57 Blumentopf

Schneide statt einer Blumenvase einen Blumentopf aus.

Pappmäuse

60

Süße Maus

Schneide eine Schleife zurecht und klebe sie neben ein Ohr. Male lange Wimpern und einen kleinen, roten Mund dazu.

Die Mäuse sind alle mit Pastellkreide bemalt.

59

Mäusekinder

Lege eine Papprolle auf ein Holzschneidebrett. Lass dir dabei helfen, mit einem Brotmesser die Rolle in kürzere Stücke zu schneiden.

58

So bastelst du eine Maus

1. Falte ein dünnes Stück Pappe in der Mitte und schneide die Form für die Nase aus. Klebe die beiden Spitzen aneinander. Das breite Ende klebst du auf eine Papprolle.

2. Schneide die Formen für Augen und Nasenspitze aus und klebe sie auf. Zum Schluss füge Schnurrhaare aus Papier und Ohren aus Pappe hinzu.

3. Um die Papprolle klebst du einen Papierstreifen. Dann schneidest du zwei Arme aus und klebst vorne die Hände an. Das Ganze klebst du an die Papierrolle.

4. Die Füße schneidest du aus Pappkarton und malst Zehen auf. Dann machst du in jeden Fuß von oben einen kleinen Schnitt und steckst ihn von unten an die Rolle.

61

Ein Stück Käse

Schneide ein Stück von einer Papprolle ab. Knülle es in deiner Faust so fest du kannst zusammen und verklebe es dann an einem Ende. Mit Kreide oder Buntstift malst du ein paar Käselöcher auf.

Wenn du willst, klebe noch eine Hand mit einem ausgestreckten Zeigefinger an – so wie hier.

63

Ach, du Schreck!

Male den Mund als „o" und die Brauen als gebogene Linien über runde Augen.

62

Piratenmaus

Verwende zwei unterschiedlich gemusterte Papiere für T-Shirt und Piratenkopftuch. Schneide ein Schwert aus und gib es deinem Piraten in die Hand.

Eine Augenklappe darf nicht fehlen

Klebe Finger um den Schwertgriff.

Male einen Mund.

Schneide einen Streifen für den Schwanz, mache am oberen Ende einen kleinen Schnitt hinein und stecke ihn nun ebenfalls von unten an die Rolle. Damit die Maus aufrecht stehen bleibt, musst du den Schwanz und die Füße eventuell ein bisschen zurechtschieben.

Vogelbild

64 Geschwungene Zweige

Zeichne mit Buntstiften vom Papierrand zur Mitte hin mehrere geschwungene, sich kringelnde Zweige. Male die Zweige dann aus. Die Blätter kannst du entweder malen oder ausschneiden und ankleben.

66 Zeichne einen Vogel

Nimm einen dunklen Stift und zeichne den Umriss eines Vogels. Mit einer helleren Farbe malst du ihn dann aus.

65 Papierblumen

Schneide aus farbigem Papier Blüten aus und klebe sie zwischen die Zweige.

Soll dein Vogel zwitschern? Dann male ihn mit geöffnetem Schnabel.

Male über das ganze Blatt verteilt kleine Blüten.

67 Schrilles Federkleid

Male dem Vogel ein paar Federn als Kopfschmuck.

68 Schmetterlinge

Zwischen den Zweigen flattern hier und da ein paar Schmetterlinge.

Affen-Collage

69 Papieraffe

Schneide die Formen, die du hier siehst aus und klebe sie zusammen. Für die Augen klebst du Knöpfe an. Nase und Mund malst du auf. Damit die Knöpfe aussehen wie angenäht, malst du Linien darauf.

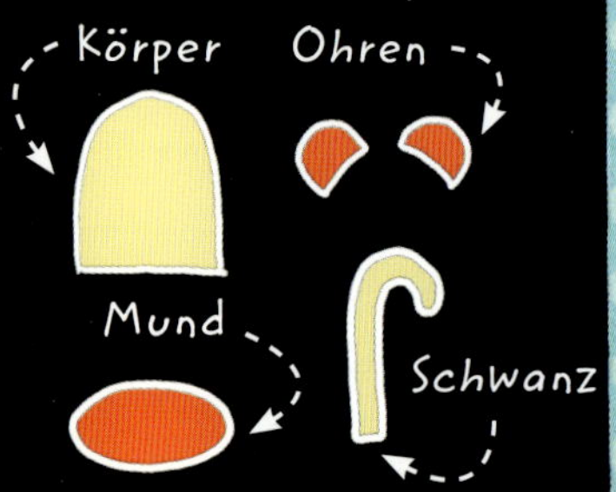

Anstatt Knöpfe anzukleben, kannst du für die Augen auch zwei Kreise aus Pappe schneiden.

70 Affenbaby

Schneide einen kleinen Körper und kleine Ohren aus. Für die Augen schneidest du zwei kleine Kreise aus weißem Papier.

71

Hängender Affe

Schneide einen Affen mit langen, baumelnden Armen aus und klebe ihn mit dem Kopf nach unten auf das Blatt.

72

Augenblick mal!

Anstatt Linien auf die „Augenknöpfe“ zu malen, kannst du auch zwei schwarze, ausgestanzte Konfetti aufkleben.

73

Stoff-Affe

Schneide Körper und Arme aus Stoffresten aus. Augen und Mund sind aus Papier und werden aufgeklebt.

Schneide einen Hut aus und klebe ihn leicht schräg auf den Kopf des Affen.

Großstadtleben

Alle Formen auf diesem Bild sind aus alten Zeitschriften ausgeschnitten. Die Einzelheiten sind mit einem Filzstift aufgemalt.

76

Wolkenkratzer

Für die hoch ragenden Häuser schneidest du längliche Rechtecke aus. Darauf klebst du Fensterreihen aus dünnen Papierstreifen.

Zwischen die Häuser kannst du noch ein paar Bäume malen.

75

Stau

Schneide verschiedene Formen aus für die Autos. Die Räder malst du mit einem schwarzen Stift.

Male verschiedene Fensterformen.

74

LKW

Schneide eine Form für die Fahrerkabine und eine länglichere Form für den Anhänger aus. Male große Räder darunter.

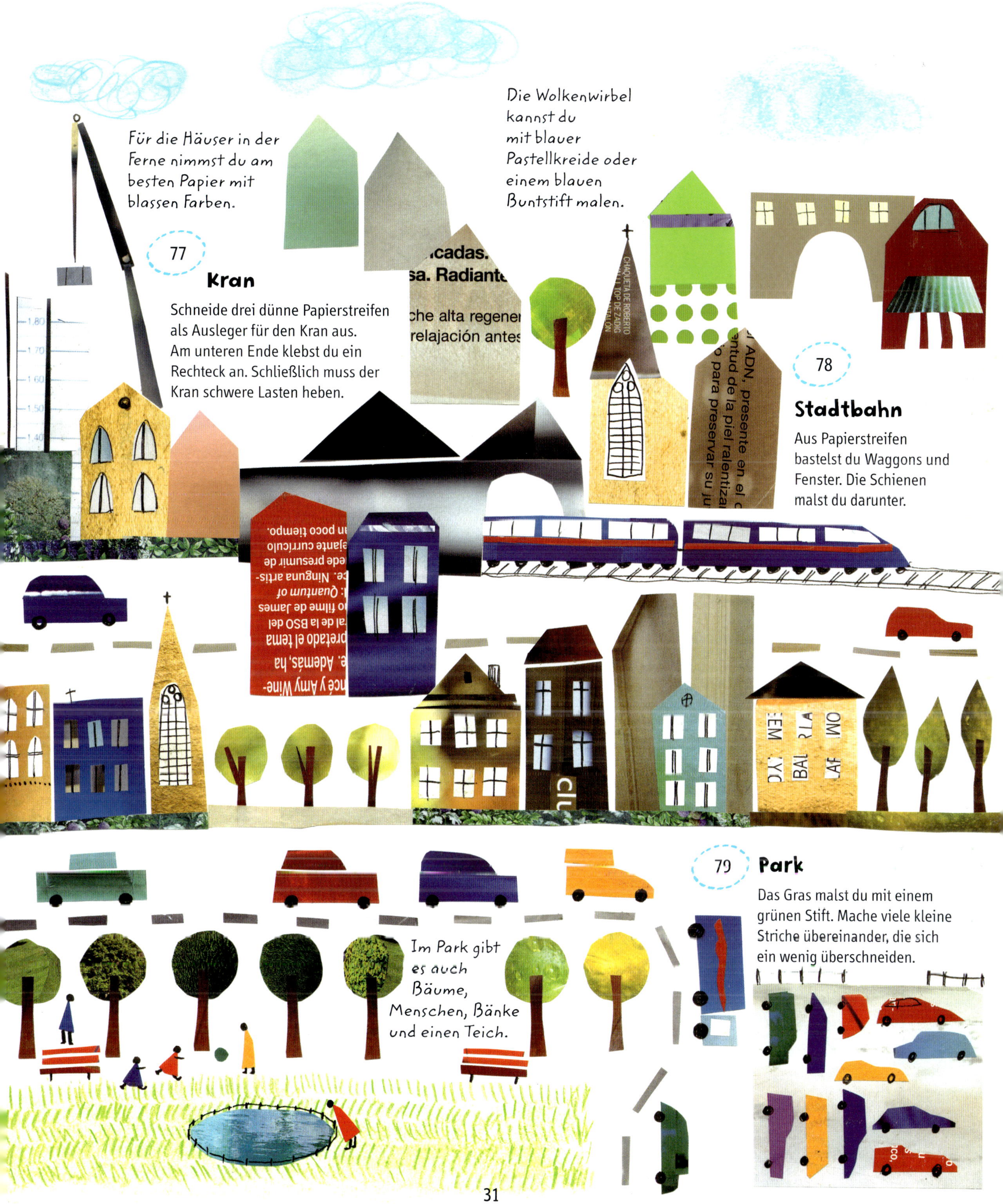

Für die Häuser in der Ferne nimmst du am besten Papier mit blassen Farben.

Die Wolkenwirbel kannst du mit blauer Pastellkreide oder einem blauen Buntstift malen.

77

Kran

Schneide drei dünne Papierstreifen als Ausleger für den Kran aus. Am unteren Ende klebst du ein Rechteck an. Schließlich muss der Kran schwere Lasten heben.

78

Stadtbahn

Aus Papierstreifen bastelst du Waggons und Fenster. Die Schienen malst du darunter.

Im Park gibt es auch Bäume, Menschen, Bänke und einen Teich.

79

Park

Das Gras malst du mit einem grünen Stift. Mache viele kleine Striche übereinander, die sich ein wenig überschneiden.

Vögel auf der Leitung

80 Einer neben dem anderen

Zeichne ein paar einfache Vögel auf Papier, schneide sie aus und lege sie dann in eine Reihe nebeneinander. Nun nimmst du ein Stück Schnur, führst es quer über die Vogelreihe und klebst es mit Klebeband an jedem Vogel fest. Zum Schluss malst du die Augen auf.

Du kannst die Vogelschnur auch mit ein paar Klebestreifen am Fenster befestigen oder an eine Pinnwand heften.

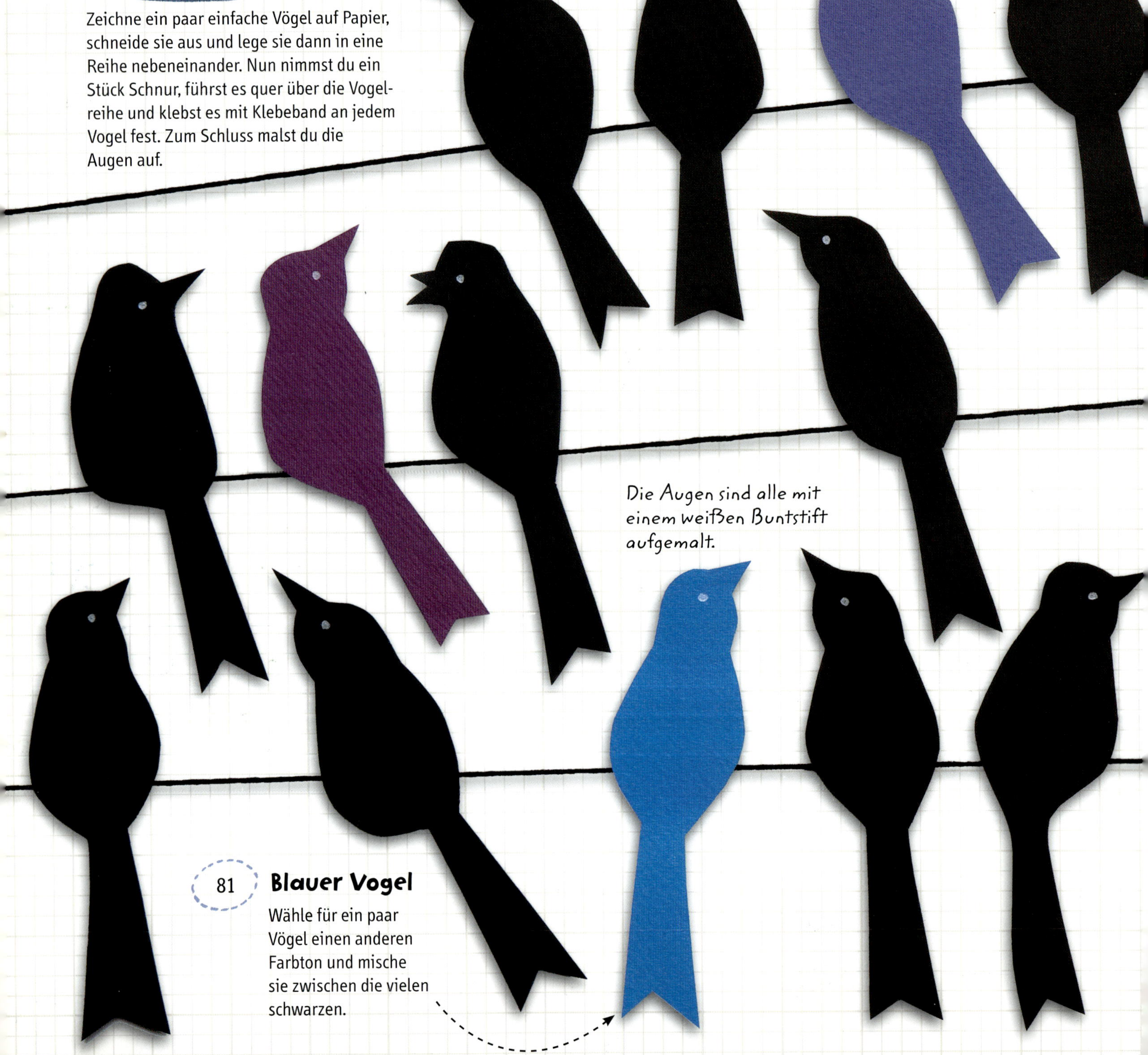

Die Augen sind alle mit einem weißen Buntstift aufgemalt.

81 Blauer Vogel

Wähle für ein paar Vögel einen anderen Farbton und mische sie zwischen die vielen schwarzen.

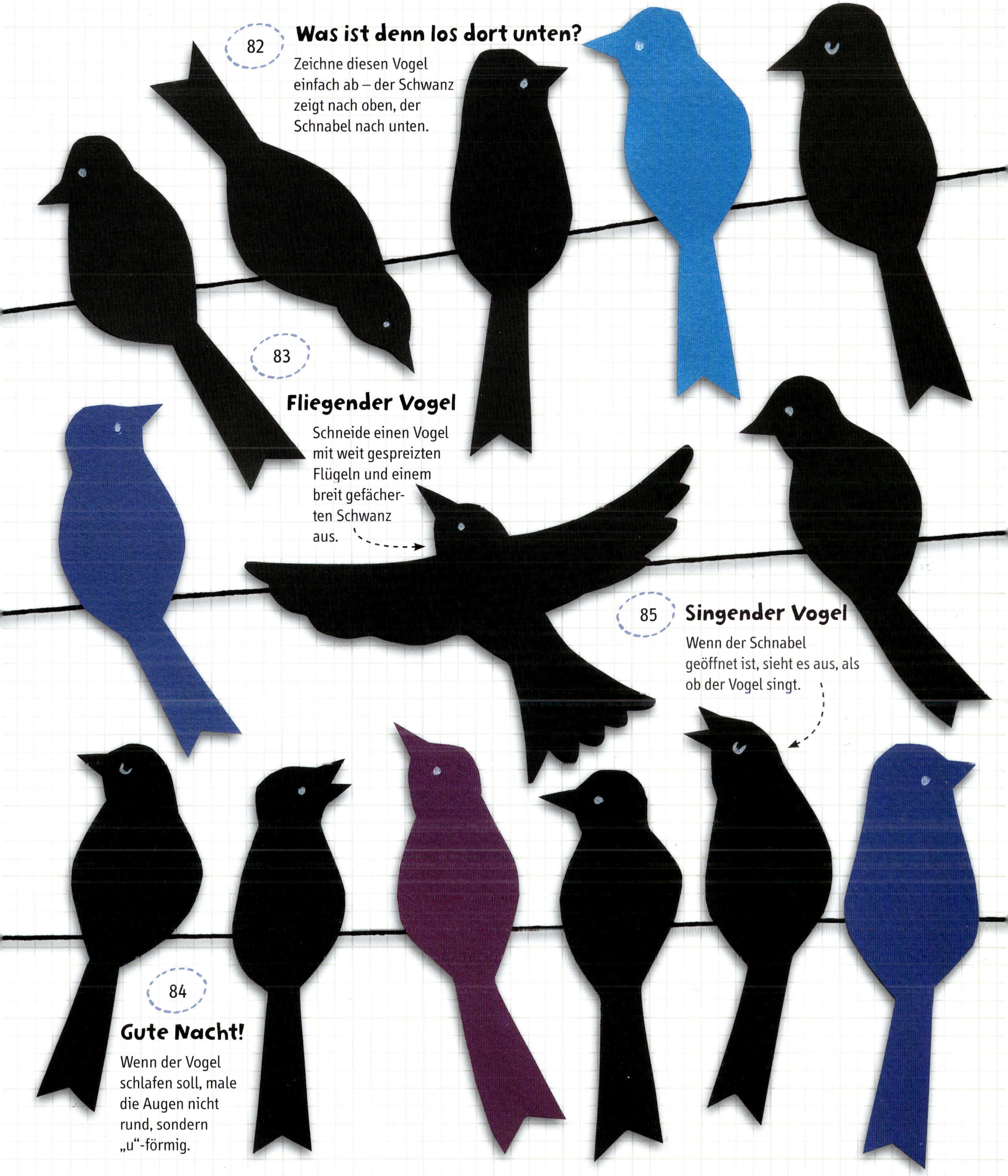

82

Was ist denn los dort unten?

Zeichne diesen Vogel einfach ab – der Schwanz zeigt nach oben, der Schnabel nach unten.

83

Fliegender Vogel

Schneide einen Vogel mit weit gespreizten Flügeln und einem breit gefächerten Schwanz aus.

84

Gute Nacht!

Wenn der Vogel schlafen soll, male die Augen nicht rund, sondern „u"-förmig.

85

Singender Vogel

Wenn der Schnabel geöffnet ist, sieht es aus, als ob der Vogel singt.

Chamäleon-Collage

86 Chamäleon mit Ringelschwanz

1. Gib wasserverdünnte grüne und gelbe Farbe auf ein Küchenkrepppapier und lass beide ineinander laufen.

2. Wenn die Farbe getrocknet ist, schneidest du eine längliche Form für den Körper aus und bestreichst sie auf einer Seite mit Klebstoff.

3. Die vordere Hälfte des Körpers drückst du glatt auf einem Blatt Papier an, während du die hintere Hälfte wie eine Ziehharmonika zusammenschiebst.

4. Kopf und Beine schneidest du ebenfalls aus Küchenkrepp aus und klebst sie an. Vergiss das Auge nicht.

5. Nun schneidest du noch einen Streifen für den Kragen. Bestreiche eine Längskante mit Klebstoff und drücke den Kragen dann fest am Kopf an, während du ihn wie einen Fächer zusammenfaltest.

6. Den Bauch des Chamäleons verzierst du mit halbrund geschnittenen, farbigen Papierstreifen.

87 Eidechse

Eidechse Den Körper der Eidechse bastelst du aus mehreren Streifen bemaltem Küchenkrepp, die du aneinanderfügst. Den Hals machst du etwas dünner, den Schwanz lang und schmal.

Schneide die Streifen in diese Formen:

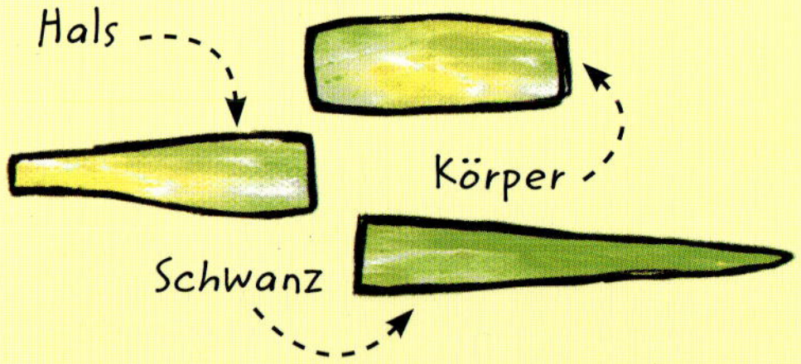

88

Aufgestellter Kamm

Bestreiche etwas Seidenpapier mit Klebstoff und rolle es fest ein. Sobald der Klebstoff getrocknet ist, schneidest du einzelne Stücke ab und klebst sie auf den Körper.

89

Äste

Reiße braune Papierstreifen und klebe sie dann zu einem Ast zusammen. Jetzt schneidest du die Formen für die Blätter aus, klebst sie mit einem Ende an den Ast und knickst sie etwas um – so wirken sie dreidimensional.

In das Maul des Chamäleons kannst du noch eine kleine Zickzacklinie für die Zähne malen.

90

Schuppenkamm

Schneide einen Streifen aus Küchenkrepp und bestreiche eine Längskante mit Klebstoff. Drücke den Streifen nun fest am Rücken des Chamäleons an, während du ihn wie eine Ziehharmonika faltest.

Folienkäfer

91 So bastelst du einen Käfer

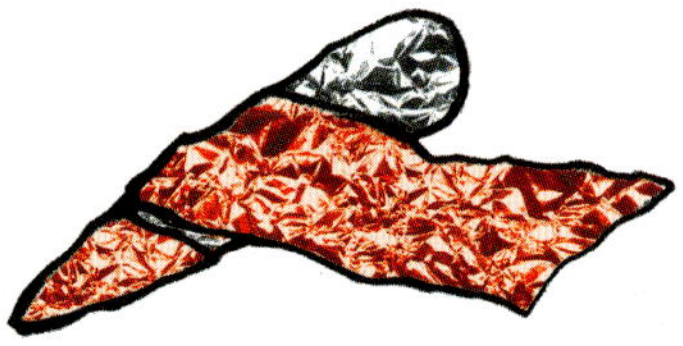

1. Für den Bauch des Käfers knüllst du ein Stück Alufolie so zusammen, dass es ein dünneres und ein dickeres Ende hat.

2. Den Bauch umwickelst du mit Silberpapier von einer Schokoladenverpackung oder klebst Seidenpapier auf.

92 Gestreifter Käfer

Hülle den Bauch des Käfers in Seidenpapier. Darauf klebst du Streifen aus Schokoladenpapier.

93 Bunter Käfer-Reigen

Nimm ein langes Stück Garn und binde es einem Käfer nach dem anderen um den Bauch – so entsteht eine lange Kette.

94 Ringel-Fühler

Forme zwei Alustreifen zu einer länglichen Rolle und wickle sie um deinen Finger, damit sie sich kringeln. Dann klebst du sie auf.

Um den Käfer streifig zu machen, kannst du ihm auch Geschenkband um den Bauch wickeln.

3. Dann umschnürst du das Ganze mit Garn und befestigst die Enden mit Klebefilm.

4. Aus Cellophanpapier schneidest du Flügel aus, klebst sie auf und befestigst sie zusätzlich mit Garn am Körper.

5. Schneide Papieraugen aus und klebe sie auf. Die Fühler bastelst du aus gerollten Alustreifen von Schokoladenpapier.

95 Doppelflügler

Schneide zwei Paar Flügel aus Cellophanpapier. Klebe das eine Paar über das andere und umwickle das Ganze mit Garn.

96 Bunt gemusterte Flügel

Schneide die Flügel aus buntem Geschenkpapier oder alten Zeitschriften aus.

Drehe das Schokoladenpapier an einem Ende fest zusammen, um eine kleine Spitznase zu bekommen – so wie hier.

Knopfblumen-Collage

97 Einfache Blume

Viele dieser Knöpfe wurden von alten Kleidungsstücken abgetrennt, bevor sie in die Altkleidersammlung wanderten

Den Stängel malst du mit Buntstift oder Malkreide. Klebe den Knopf an die Spitze und male ringsherum die Blüten. Seitlich am Stängel wachsen die Blätter.

98 Papierblume

Schneide viele verschiedene Blütenformen aus und klebe sie auf die Stängel. In die Mitte der Blüten klebst du dann einen Knopf.

Male hier und da kleine Blumen, um den Platz zu füllen...

… oder zwischen den Blumen umherfliegende Bienen.

99

Papierblätter

Anstatt die Blätter aufzumalen, kannst du sie auch aus Papier ausschneiden und dann aufkleben.

100

Blütenstempel aus Pappe

Bemale ein Stück Pappe mit dickflüssiger, weißer Farbe. Wenn die Farbe getrocknet ist, schneidest du einen Kreis aus und klebst ihn in die Mitte einer Blumenblüte.

101

Schwertblume

Klebe mehrere Knöpfe untereinander auf. Der größte sitzt dabei unten am Stängel.

Stehende Mini-Monster

Alle Monster, die du hier siehst, sind aus Geschenkpapier oder alten Zeitschriften gemacht und auf dünne Pappe aufgeklebt.

102 Einfaches Monster

1. Klebe buntes Papier auf dünne Pappe. Zeichne eine Form für den Körper und schneide sie aus.

2. Klebe Augen, Mund und Zähne auf. Die Augen umrandest du mit einem schwarzen Stift. Dann fügst du Brauen und Wimpern dazu.

3. Mache an der unteren Kante zwei kleine Schnitte. Den mittleren Teil knickst du nach hinten weg, die beiden äußeren Teile knickst nach vorn. So hast du zwei kleine Füße, auf denen dein Monster stehen kann.

105 Igelfrisur

Schneide kleine Dreiecke aus dünner Pappe und klebe sie von hinten am Kopf des Monsters an.

104 Schwanz

Schneide einen Schwanz aus und klebe ihn von hinten ans Monster. Zuvor schneidest du die Füße aus und knickst sie so, dass es stehen kann.

103 Stacheln

Schneide kleine, spitze Dreiecke aus farbigem Karton und klebe sie entlang dem Rücken auf.

Wie wäre es mit einem kleinen Monster-Baby?

107

Monster-Mädchen

Schneide eine Schleife aus und klebe sie auf. Male runde Augen und Wimpern auf.

106

Auf den Kopf gestellt

Klebe zwei Füße oben am Körper fest. Die gezackten Standbeinchen unten sehen aus wie abstehende Haare. Das Gesicht klebst du verkehrt herum auf – Augen nach unten, Mund nach oben.

Gesichter-Collage

108

Einfaches Gesicht

Schneide einen Kopf aus.
Male Haare und schneide sie aus.
Klebe eine Nase auf.
Male Augen und Mund.

Schneide mehrere, gleich große Vierecke aus und klebe sie auf ein großes Stück Papier aneinander. Dann folgst du den Schritten oben.

109

Lange Haare

Male Formen für eine Langhaarfrisur und schneide sie aus. Die langen Haarteile klebst du zuerst auf. Dann fügst du den Kopf hinzu und klebst die kurzen Haarteile oben an.

110

Kleiner Naseweis

Klebe auf eines der Vierecke ein halbes Gesicht. Dann schneidest du zwei Formen für die Hände und klebst sie gleich daneben. Die Augen malst du als kleine, schräge Striche knapp oberhalb der Hände.

Zeichne einen Kopf von der Seite – die Nase und den Mund auf eine Seite, das Ohr auf die andere.

112 Gedankenblase

Damit es aussieht, als würde jemand vor sich hinträumen, schneidest du eine wolkige Form aus, klebst sie neben den Kopf und fügst noch zwei kleine Ovale hinzu.

111 Blick nach oben

Schneide einen Kopf mit einer Nase oben in der Mitte aus. Unter den oberen Rand des Kopfes malst du Augen und Mund.

Mit einem Buntstift malst du rosige Wangen auf.

Schlafaugen malst du als kleine „u"s.

Dschungelbild

113 Schlange

Schneide eine Form für den Körper aus, male Augen auf und klebe Dreiecke am Schlangenkörper entlang. Füge noch eine gespaltene Zunge an.

114 Eidechse

Schneide die Formen für Körper und Kopf aus sowie ein paar Dreiecke für den Rückenkamm. Über den Körper klebst du Papierstreifen, vorne am Kopf fügst du eine Zunge hinzu.

115 Tigerstreifen

1. Schneide die Formen, die du hier siehst, aus und klebe sie auf einem großen Papierbogen zusammen.

2. Male Augen, Maul und Nase auf. Dann schneidest du dünne Papierstreifen aus und klebst sie auf Körper und Schwanz.

Du kannst auch kleine Papierschmetterlinge auf dein Dschungelbild kleben.

Es macht nichts, wenn die Streifen ein wenig überstehen.

Du kannst die Giraffe so gestalten, dass es aussieht, als ob sie sich nach den Blättern reckt.

116

Äste

Schneide dünne, bogenförmige Papierstreifen und klebe viele Blätter daran entlang.

117

Zebra

Schneide die Formen für Körper, Hals, Kopf, Beine, Schwanz und Ohren aus. Dann klebst du alles aneinander. Male noch Augen und Nasenlöcher und klebe zum Schluss die Streifen auf.

118

Giraffe

Für ein fleckiges Muster schneidest du grobe, dunkelfarbige Vierecke aus und klebst sie über Hals und Körper.

Klebe ein paar dünne Papierstreifen unter die Tiere. Das sieht aus wie Grashalme.

Zeitungsfiguren

119 Stehender Mann

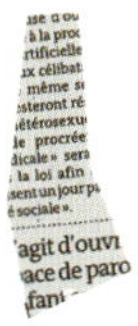

1. Schneide die Form für den Körper aus altem Zeitungspapier und klebe sie auf ein Blatt Papier.

2. Schneide kleine Papierstreifen für Arme und Beine. Klebe sie an den Körper an und füge noch Kopf und Füße hinzu. Mit einem Filzstift malst du die Details.

121 Ballerina

Zeichne das Balletträckchen und klebe die Beine an. Zum Schluss zeichnest du grazile Hände und Füße.

Hier steht die Ballerina auf Zehenspitzen.

120 Läufer

Klebe dem Läufer Arme und Beine in unterschiedlichen Winkeln an.

Du kannst auch einen Spieler gestalten, der versucht, seinen Gegner zu stoppen.

122 Basketballspieler

Schneide ein überlanges Rechteck aus. Es bildet den Körper des Basketballers. Dann fügst du lange Arme und Beine an.

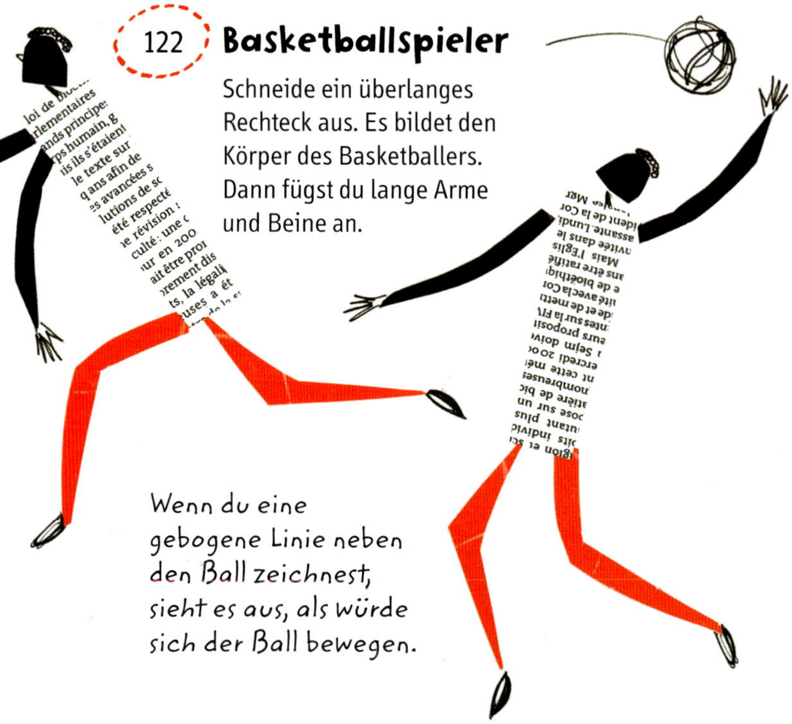

Wenn du eine gebogene Linie neben den Ball zeichnest, sieht es aus, als würde sich der Ball bewegen.

Zeichne gekreuzte Linien in das Oval des Tennisschlägers – so hast du ihn bespannt.

125 Tennisspieler

Zeichne ein kurzes Tennisröckchen und füge dann die Beine an. Male noch einen Schläger und einen Ball dazu.

124 Gewichtheber

Schneide die Formen für die Gewichte aus sowie zwei dünne Streifen für die Hebestange.

Hier geht der Gewichtheber in die Knie.

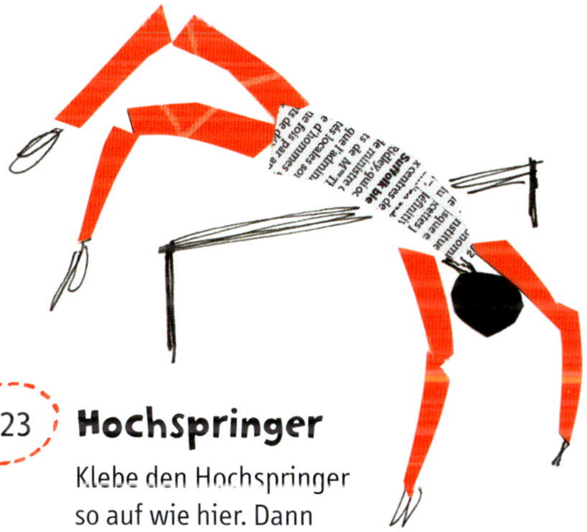

123 Hochspringer

Klebe den Hochspringer so auf wie hier. Dann zeichnest du die Hochsprungstange rechts und links vom Körper weg.

Die Unterbeine beklebst du mit roten Streifen. Das sieht aus wie rote Socken.

126 Ballspiele

Gestalte Figuren, die kicken oder Kopfball spielen. Schneide einen Ball aus Papier und umfahre ihn dann grob mit einem Stift.

Papierkreise

Diese Formen bestehen aus unterschiedlich großen Papierkreisen, die übereinander geklebt sind. Einige Kreise wurden zuvor zu einer Blumenform geschnitten.

127 Grundform

Schneide aus verschiedenen Papieren Kreise, die immer größer werden und klebe sie übereinander. Zum Schluss klebst du einen alten Knopf in die Mitte.

130 Blumengirlande

Gestalte viele verschiedene Blumenblüten und klebe sie hintereinander an ein Stück Schnur oder Garn.

128 Bunte Blüten

Nimm buntes Papier und falte es mehrmals mittig, bis mehrere Lagen Papier übereinander liegen. Wenn du nun die Form eines Blütenblattes ausschneidest, bekommst du mehrere gleichgroße Blütenblätter und klebst sie rings um einen Blütenkreis.

129 Gefaltete Blüten

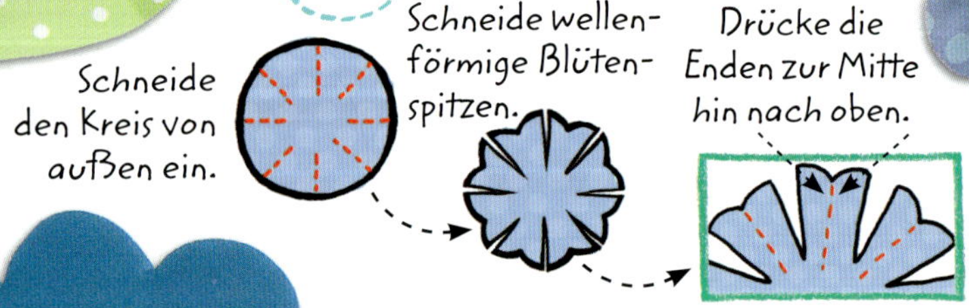

Schneide einen Kreis aus. Für die Blütenblätter schneidest du den Kreis ringsum ein. Nach jedem Schnitt machst du einen Schnitt an genau der gegenüberliegenden Seite. Dann schneidest du die Blütenspitzen und drückst sie zur Mitte hin nach oben. Nun klebst du weitere Kreise auf.

132

Dichter Blütenkranz

Schneide die Kreise ringsum mehrfach ein, bevor du sie dann übereinander klebst.

131

Blumenrosetten

Schneide mehrere Kreise mit wellenförmigen Rändern. Diese Blütenrosetten klebst du dann übereinander.

Diese Blütenspirale ist aus einem sehr langen Papierstreifen gerollt und dann mit Klebstoff festgemacht.

Herbstwinde

133 Papierbaum

1. Aus alten Zeitschriften reißt du Seiten mit verschiedenen Brauntönen. Schneide dann eine Form für den Baumstamm aus.

2. Klebe den Baumstamm auf ein Blatt Papier. Schneide viele Äste aus und klebe sie so auf, dass sie sich stellenweise überdecken.

3. Die Blätter schneidest du aus farbigem Zeitschriftenpapier aus und klebst sie an die Äste.

134 Fallende Blätter

Klebe einige Blätter auf wie Laub, das von den Ästen fällt. Verteile auch ein paar auf dem Boden unter dem Baum.

135 Krähe

Schneide aus schwarzem Papier den Körper aus und klebe ihn auf dein Bild. Füge ein Papier-Auge und einen Papier-Schnabel hinzu. In das Auge malst du eine schwarze Pupille. Nun braucht die Krähe nur noch Flügel und Schwanzfedern.

136 Ganz schön stürmisch

Nimm schwarze Pastellkreide, male Wirbel auf das Blatt und verreibe sie mit der Fingerspitze. Mit einem Radiergummi ziehst du dann eine Linie durch.

Du kannst auch eine Krähe machen, die nach Nahrung sucht.

Der Boden ist mit vielen Blättern beklebt, die einander überdecken.

Roboter-Collage

137 So bastelst du einen Roboter

Schneide aus Papier Körper, Kopf, Arme, Beine und Füße aus und klebe sie auf einem Blatt aneinander.

2. Klebe Verstärkungsringe für die Augen auf. Oder du stanzt mit einem Locher zwei Löcher durch ein Blatt Papier und schneidest dann kreisförmig um die Löcher herum.

3. Mit einem Filzstift malst du Details wie Antennen, Finger, Knöpfe, Schaltkonsole und Federn.

138 Viereckige Augen

Anstatt der Verstärkungsringe für die Augen kannst du auch kleine Quadrate schneiden. Klebe sie auf und umrahme sie schwarz.

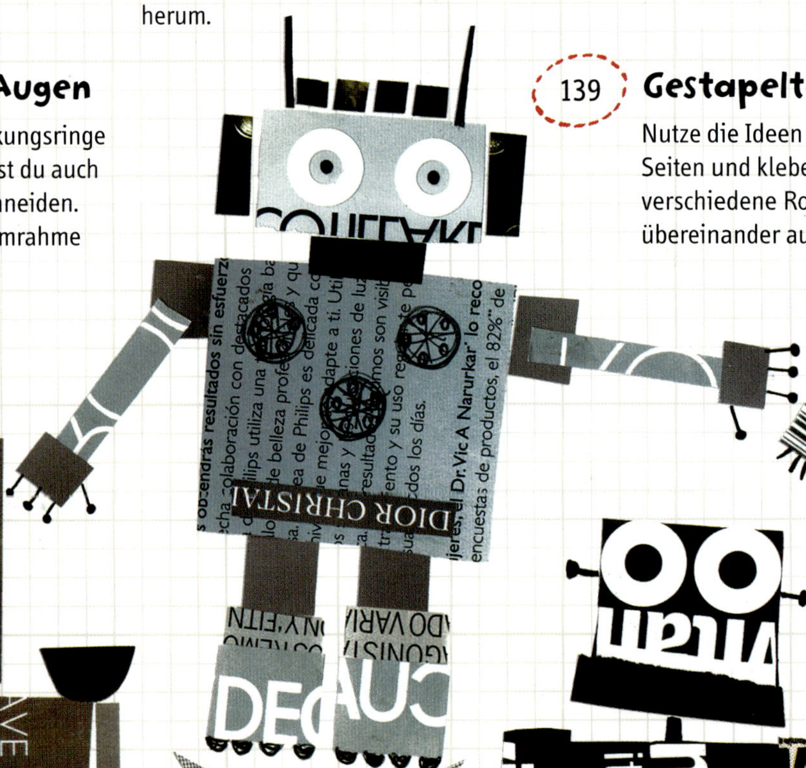

139 Gestapelte Roboter

Nutze die Ideen auf diesen Seiten und klebe viele verschiedene Roboter übereinander auf.

Du kannst auch einen Roboter auf Rädern machen.

Die Arme dieses Roboters sind aus dem Papier, von dem die Verstärkungsringe abgezogen wurden.

140 Roboter-Knirpse

Gestalte kleine Roboter und klebe sie zwischen die größeren.

141 Roboter, marsch!

Klebe einen Arm so an, dass er nach oben zeigt. So sieht es aus, als ob der Roboter marschiert und dabei die Arme schwingt.

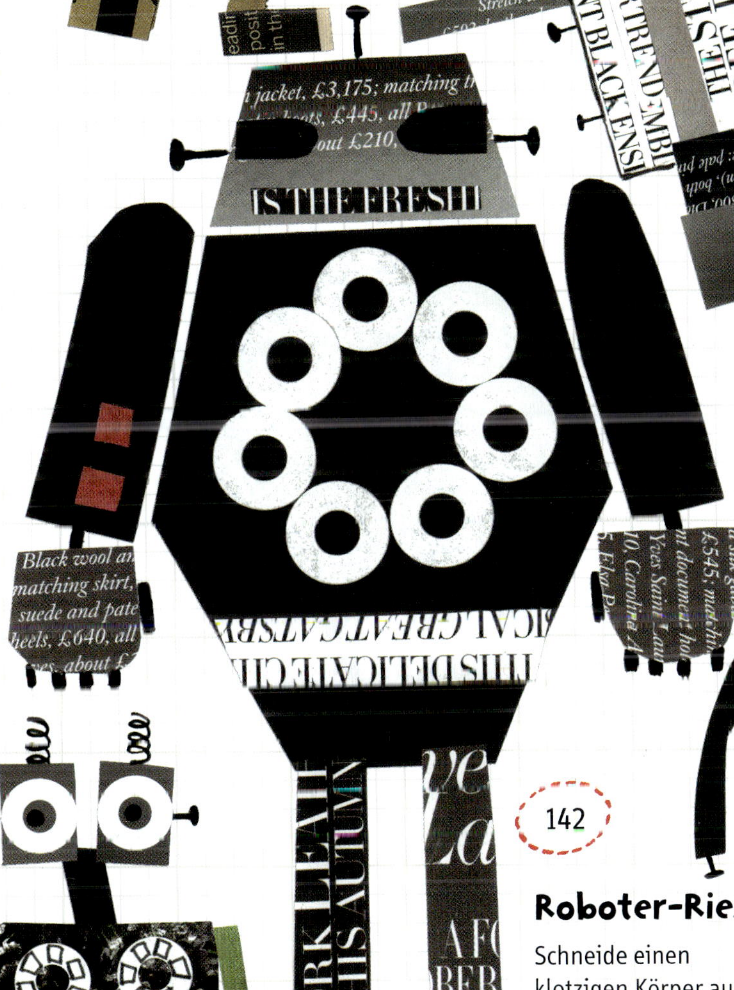

142 Roboter-Riese

Schneide einen klotzigen Körper aus und einen breiten Kopf. Füge lange Arme und große Füße an.

Neugierige Katzen

143 Einfache Katze

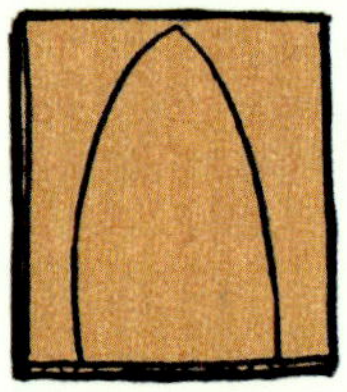

1. Zeichne den Umriss eines Körpers auf ein Stück Pappe und schneide ihn aus.

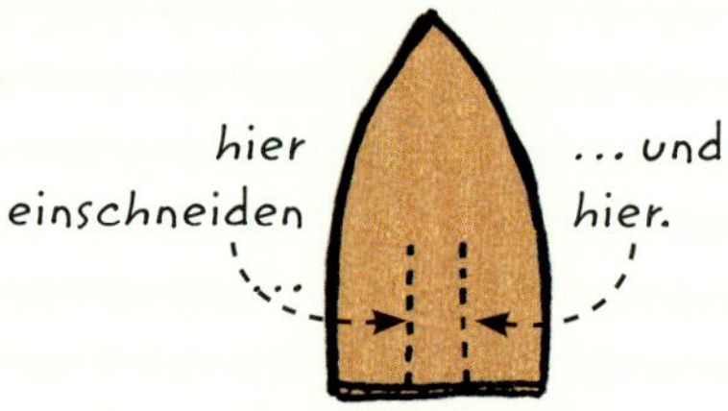

2. Für die Beine machst du zwei Schnitte (so wie hier).

3. Den mittleren Teil klappst du nach vorn für die Pfoten, die Seitenteile knickst du nach hinten.

4. Schneide dann den Kopf aus und klebe ihn auf. Zum Schluss fügst du Ohren und Schwanz an.

144 Reinliches Kätzchen!

Mach am Körper nur einen Schnitt, so dass die Katze auf nur einer Pfote steht. Die andere Pfote schneidest du leicht gebogen extra aus und klebst sie oben am Körper von hinten an. Dann klebst du noch eine kleine, rosa Zunge dazu.

145 Junges Kätzchen

Verfahre nach der gleichen Technik und mache Körper, Kopf und Schwanz einfach nur viel kleiner.

5. Nimm Wachsmal- oder Pastellkreide, um Kopf, Ohren, Körper und Schwanz auszumalen.

6. Klebe Papieraugen und Schnurrhaare auf. Dann zeichnest du Nase und Mund.

147 Flaumiges Bäuchlein

Verreibe einen Klecks weiße Pastellkreide auf dem Körper der Katze und zeichne darauf viele kleine Striche.

146 Kater

Male die Katze mit dunkler, orangeroter Pastellkreide aus. Dann zeichnest du feine Linien auf. Dafür nimmst du ein helleres Orange.

Papierschuh-Collage

148 Schneide einen Schuh aus

Übertrage eine dieser Formen auf ein Blatt Papier und schneide sie aus. Dann …

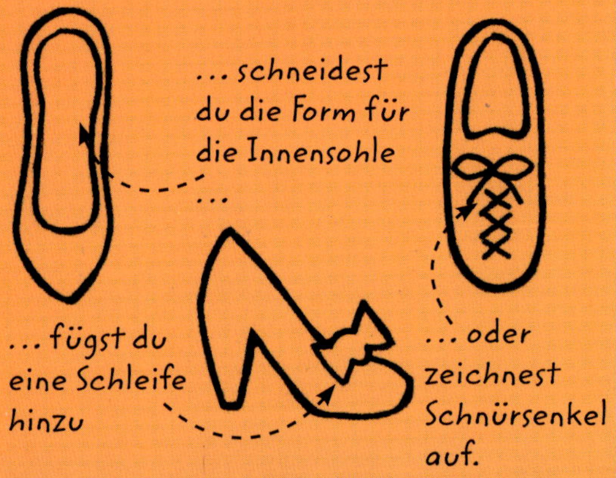

150 Schleifen

Zeichne einen Schuh mit einem hohen, schmalen Absatz. Verziere ihn mit Schleifen oder Schnallen.

149 Sneakers

Schneide die Grundform eines Sneakers aus und beklebe ihn mit buntgemusterten Papierecken. Sohle und Schnürsenkel markierst du mit schwarzen Linien.

Das mit Spitzen gemusterte Papier und die Knöpfe sind aus alten Zeitschriften ausgeschnitten.

152 Babyschühchen

Schneide die Form für den Babyschuh aus. Dann schneidest du die einzelnen Formen für die Innensohle und klebst sie so auf, dass kleine Riemchen entstehen. Zum Schluss malst du als Verzierung kleine Kringel auf.

151 Stöckelschuhe

Schneide einen Schuh aus braunem Papier. Den Absatz lässt du braun. Den Rest beklebst du mit einem gemusterten Papier.

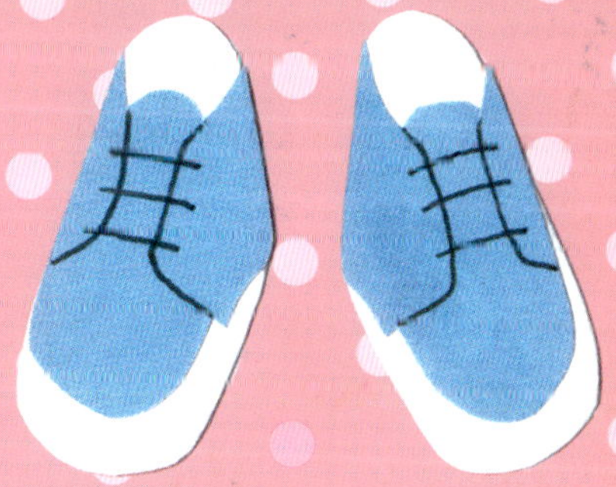

153 Hintergrund

Schneide viele Quadrate aus gemustertem Papier und klebe sie auf einem größeren Stück Pappe oder Tonpapier aneinander. Klebe in jedes Quadrat ein anderes Paar Schuhe.

Japanische Puppen

154 Puppen-Collage

1. Übertrage die Formen, die du hier siehst, auf ein hellgemustertes Papier und schneide sie aus.

2. Klebe den Gürtel an. Füge Haare und Gesicht hinzu. Dann schneidest du zwei kleine Pappstückchen aus und klebst sie von hinten an die Ärmel. Dann erst klebst du die Ärmel an den Körper.

156 Hübsche Äste

Schneide viele Blumen aus Papier mit verschiedenen Rosa- und Pink-Tönen aus und klebe sie auf die Äste.

Die Wangen der Puppen sind mit einem blassroten Buntstift bemalt.

Diese Puppen sind aus blumigem Geschenkpapier gemacht.

155 Verschiedene Frisuren

Schneide verschiedene Frisuren, damit jede Puppe anders aussieht. Wie wäre es mit einem Haarnest oder Zöpfen? Oder füge eine Schleife oder einen Haarkamm hinzu.

Eulen-Collage

157 Papiereule

Bemale ein paar Papierschnipsel dick mit allerlei Farben und lass sie trocknen. Dann reißt du das Papier so, dass sich ein Eulenkörper formt.

2. Reiße Ohren und Flügel aus und klebe sie an. Für die Augen klebst du Verstärkungsringe auf. Dann malst du noch einen Schnabel, Federn und Beine.

161 Sternenhimmel

Stanze mit einem Locher gelbes Papier aus. Die Konfettisterne klebst du dann auf dein Bild.

Diese Blätter sind mit grüner Pastellkreide gemalt.

158 Grüne Äste

Bemale ein paar Papierreste mit verschiedenen Grüntönen. Wenn die Farbe getrocknet ist, schneidest du schmale Äste aus.

Die Flügel schneidest du aus altem Zeitungspapier aus.

Male noch kleine Striche dazu. Das sieht aus, als würde die Eule gleich fallen.

159 Hoppla, nicht fallen!

Klebe den Körper der Eule schräg auf. Die Flügel flatternd auf der Seite.

160 Schlafende Eule

Schneide einen Verstärkungsring in der Mitte durch und klebe die Hälften auf. Male noch Wimpern dazu.

Bunte Vogelschar

162 So bastelst du einen Vogel

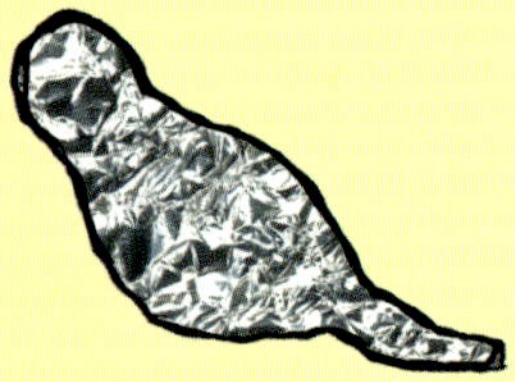

1. Knülle ein Stück Alufolie so, dass es die Form eines Vogels bekommt mit einem runden Kopf und einem dicken Bauch, der nach hinten spitz zu einem Schwanz ausläuft.

2. Reiße viele Papierschnipsel für die Federn. Dann bestreichst du den Alukörper mit Klebstoff und drückst jede „Feder" an einem Ende auf, bis der ganze Körper bedeckt ist.

3. Für den Schnabel faltest du ein Stück Tonkarton mittig und schneidest es dann diagonal durch. Um eine Klebekante zu bekommen, knickst du das untere Ende um.

4. Schneide nun ein Paar breite Füße und klebe sie dem Vogel unten an. Zum Schluss malst du noch die Augen auf.

Du kannst die Vögel, die du hier siehst, nachbasteln oder eigene Ideen entwerfen.

164 Flauschiges Federkleid

Nimm Küchenkrepppapier und bemale es mit verschiedenen Tönen einer Farbe. Wenn das Papier getrocknet ist, reißt du es in viele kleine Streifen und klebst sie dicht an dicht über den ganzen Körper.

163 Insektenfresser

Schneide ein langes, spitzes Dreieck für den Schnabel und klebe ihn hoch oben am Kopf an.

165 **Schlafender Vogel**

Mit einem Filzstift malst du „u"-förmige Augen auf.

166 **Rotkehlchen**

Aus rot bemaltem Küchenkrepp reißt du viele Streifen für ein dichtes Federkleid und klebst sie auf. Füge hier und da auch einzelne Streifen aus rotem Zeitungspapier dazwischen.

Das Federkleid kannst du in ähnlichen Farbtönen gestalten.

Die Füße sind aus orangeroter Pappe geschnitten.

167 **Amsel**

Beklebe den Alukörper ringsum mit schwarzem Seidenpapier. Dann reißt du schwarzes Zeitschriftenpapier in Schnipsel und klebst sie als Federn auf. Nimm orangerote Pappe für den Schnabel und klebe noch das Auge auf.

Spinnen in 3-D

170 Spinnennetz

Mit einem weißen Buntstift zeichnest du lange Linien für das Spinnennetz. Um sie zu verbinden, zeichnest du quer dazu kürzere, leicht geschwungene Linien ein.

Für den Hintergrund dieses Bildes wurde schwarzes Tonpapier verwendet.

168 So bastelst du eine Spinne

1. Tauche eine Fingerspitze in dicke, weiße Farbe und drücke sie dann fest auf das Papier. Das ist der Kopf. Auch den Körper malst du mit den Fingern. Lass die Farbe gut antrocknen.

2. Schneide acht dünne Beine aus weißem Papier. Die Beine klebst du jeweils an einem Ende an den Körper an. Dann knickst du sie zweimal ein und klebst das andere Ende auf.

171 baumelnde Spinne

Klebe zwei Beine so auf, dass es aussieht, als ob sie sich an einen Spinnenfaden klammern.

Das Ganze wirkt noch echter, wenn du die Beine nach unten knickst.

169 Riesenaugen

Drücke mit deinem kleinen Finger zwei kleine Kleckse für die Augen auf das Papier. Sobald die Farbe trocken ist, malst du die Pupillen auf.

Die Kreuze der Spinnen unten sind mit einem schwarzen Filzstift aufgemalt.

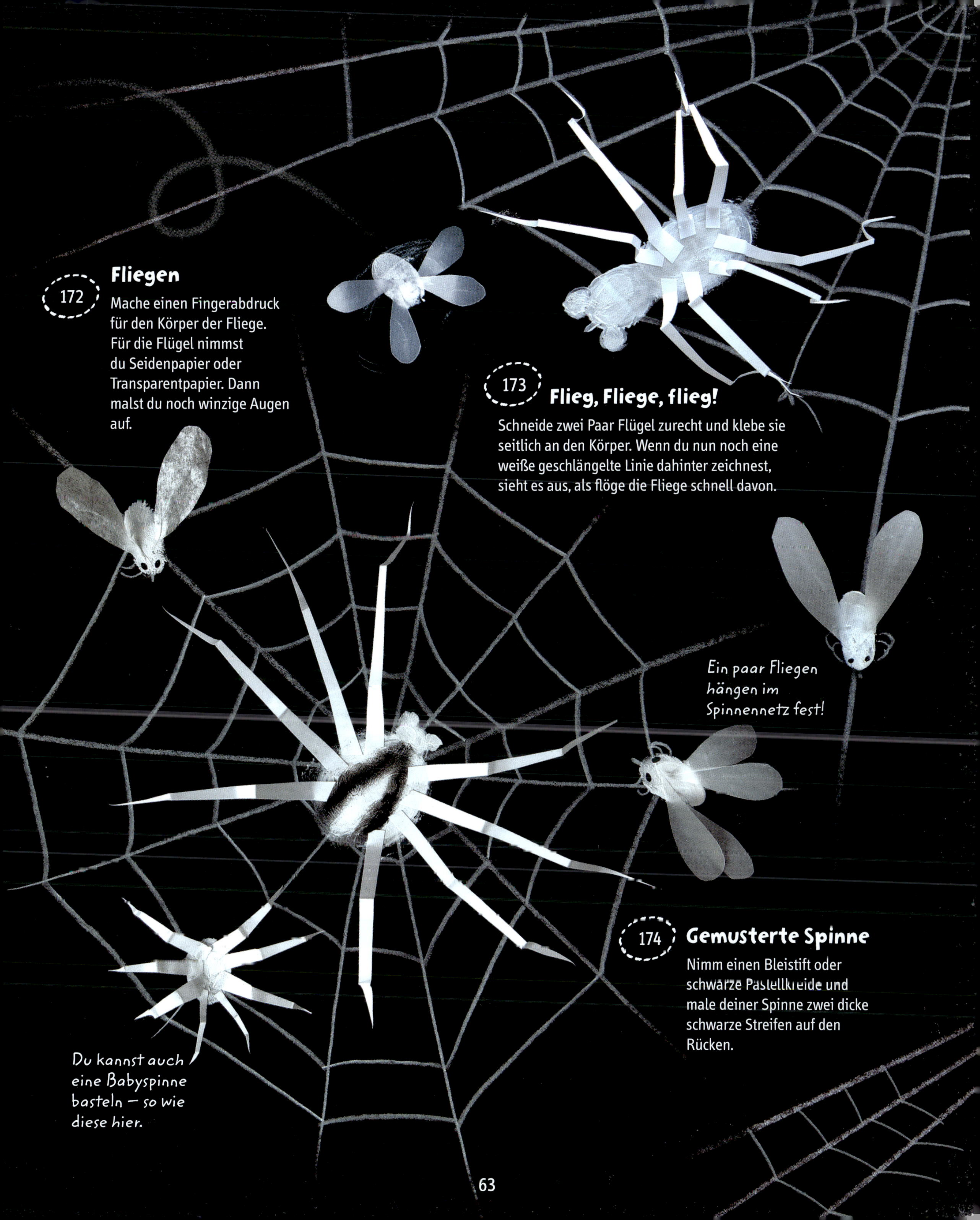

172

Fliegen

Mache einen Fingerabdruck für den Körper der Fliege. Für die Flügel nimmst du Seidenpapier oder Transparentpapier. Dann malst du noch winzige Augen auf.

173

Flieg, Fliege, flieg!

Schneide zwei Paar Flügel zurecht und klebe sie seitlich an den Körper. Wenn du nun noch eine weiße geschlängelte Linie dahinter zeichnest, sieht es aus, als flöge die Fliege schnell davon.

Ein paar Fliegen hängen im Spinnennetz fest!

174

Gemusterte Spinne

Nimm einen Bleistift oder schwarze Pastellkreide und male deiner Spinne zwei dicke schwarze Streifen auf den Rücken.

Du kannst auch eine Babyspinne basteln – so wie diese hier.

Baum-Collage

175 Sommerbaum

1. Zeichne Stamm und Äste auf ein Stück dickes Papier oder dünne Pappe auf und schneide alles aus.

2. Lege den Baum auf gemustertes Papier und zeichne eine kreisförmige Linie um das Astwerk. Klebe das Papier dann auf dünne Pappe und schneide die Form an der Linie entlang aus.

3. Damit der Baum dreidimensional wirkt, nimmst du dickere Pappe und schneidest kleine Streifen zurecht. Dann verfährst du folgendermaßen:

Klebe zwei dicke Pappstreifen von hinten gegen das Astwerk.

Die setzt du nun auf die gemusterte Pappe und klebst sie dort fest.

Klebe nun zwei weitere dicke Pappstreifen von hinten gegen die gemusterte Pappe …

… und klebe zum Schluss alles auf einen Hintergrund auf.

4. Auch der Stamm wird von hinten mit ein paar Pappstreifen gestützt, sodass er sich auf einer Höhe mit dem Astwerk vom Hintergrund abhebt.

176 Blätter im Wind

Schneide ein paar Blätter aus und biege sie um deine Finger, bis sie sich leicht wellen. Dann verteilst du sie auf der Baumkrone.

177 Blätterkleid

Falte gemustertes Papier mehrfach in der Mitte und schneide daraus eine Blattform. So bekommst du mit einem Schnitt ganz viele Blätter, die du nun an die Zweige kleben kannst.

178

Der Winter naht

Nimm Papier in verschiedenen Orangetönen, um deinem Baum ein Herbstkleid anzulegen, das langsam seine Blätter verliert.

179

Kleine Vögelchen

Schneide kleine Vögel aus dickem Papier. Flügel, Beine und Schnäbel schneidest du extra aus und klebst sie auf. Mit einem Filzstift zeichnest du ein Auge auf.

180

Herbstlaub

Schneide ein paar Blätter aus und rolle sie ein wenig ein. Klebe sie so auf, dass sie einander überlappen – wie ein Laubhaufen unter einem Baum.

181

Baumrinde

Zeichne längliche, schmale Ovale auf den Stamm. Dann ziehst du wellige Linien von den Ästen über den Stamm bis nach unten.

Hai-Attacke

182 So bastelst du einen Hai

1. Bemale ein Zeitungspapier so mit Farbe, dass einzelne Buchstaben noch durchscheinen.

2. Wenn die Farbe getrocknet ist, zeichnest du eine einfache Haiform auf und schneidest sie aus.

Du kannst ein großes Bild gestalten mit allerlei Meeresbewohnern.

183 Haizähne

Zeichne eine Zickzackzahnreihe am Oberkiefer des weit aufgerissenen Mauls entlang.

184 Fische

Schneide aus bemalten Zeitungsschnipseln kleine Fische aus und klebe sie um die Haie herum.

185 **Hammerhai**

Übertrage diese Form für den Hammerhai auf eine bemalte Zeitung, schneide sie aus und male zwei Augen auf.

186 **Tintenfisch**

Schneide einen Tintenfisch mit langen, welligen Tentakeln aus und klebe ihn zwischen die Haie.

Diese Haie, Fische und Tintenfische sind auf einen großen, mit Farbe eingestrichenen Zeitungsbogen geklebt.

Zerzauste Krähen

187 Stehende Krähe

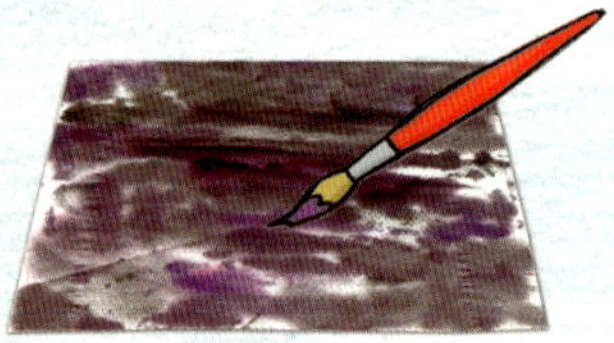

1. Bemale ein Küchenkrepppapier mit lila und schwarzer Farbe. Lass die Farben ineinander laufen und warte bis sie getrocknet sind.

2. Reiße die Form für den Kopf der Krähe aus. Das restliche Papier reißt du in schmale Streifen. Reiße zudem Streifen aus Zeitungspapier.

3. Klebe den Kopf auf ein Stück Papier. Male Augen auf ein weißes Blatt, schneide sie aus und klebe sie auf. Aus einem gelben Papier schneidest du den Schnabel aus und klebst ihn auf.

Die Streifen klebst du nur an einem Ende fest.

4. Dann legst du der Krähe ein zausiges Kleid an, indem du die ausgerissenen Papierstreifen aufklebst. Zum Schluss schneidest du gelbe Beine und Füße aus und fügst sie hinzu.

188 Piep! Piep!

Wenn dein Vogel singen soll, malst du ein paar wellige Linien vor den geöffneten Schnabel.

Für die Augen kannst du auch Verstärkungsringe nehmen.

189 Hungrige Krähe

Klebe einen Wurm vor den Kopf des Vogels und dann den Schnabel obenauf.

190 Fliegende Krähe

Klebe ein paar ausgerissene Streifen oben am Körper so an, dass sich zwei Flügel formen. Unten am Körper klebst du die Beine so an, dass sie nach hinten zeigen.

193 Eier im Nest

Schneide Eier aus bunt bemaltem Küchenkrepp und klebe sie auf. Das Nest darunter gestaltest du aus Papierstreifen, die du übereinander klebst.

191 Krähenbabys

Wenn du kürzere Papierstreifen verwendest, kannst du einen kleineren Vogel mit einem rundlichen Körper formen.

Zeichne kleine Augen auf oder schneide sie aus.

192 Wurm

Schneide einen länglichen, schmalen Streifen aus und bestreiche ihn mit Klebstoff. Beim Aufkleben auf das Papier bringst du ihn in eine gebogene Form.

Kunterbunt

194 Fantasie-Bild

Auf diesen beiden Seiten findest du allerlei Ideen für eine fantasievolle Collage aus Papierformen und Filzstiftkritzeleien. Aber sicher hast du auch viele eigene Ideen.

195 Zahnräder

Schneide einen Kreis aus und schneide rings um die Kante kleine Zahnradecken aus. Darunter klebst du eine Schiene aus Papier und malst eine paar Greifzähne dazu.

196 Lochstreifen

Stanze Löcher aus einem Papier, entleere dann den Locher. Das ausgestanzte Konfetti verteilst du nach Lust und Laune auf deinem Bild.

197

Pfeile

Schneide einen Pfeil aus Zeitungspapier aus und klebe ihn auf Tonpapier. Schneide die Pfeilform nach. Lass dabei einen schmalen farbigen Rand stehen.

Hennen und Hähne

Die Umrisse der Tiere werden auf Zeitungspapier gemalt, das du zuvor großflächig mit Fingerfarbe bestreichst. Lass die Farbe trocknen. Dann schneidest du die Tiere aus, bemalst sie mit Wachsmalkreide, verreibst die Farbe und ziehst mit einem schwarzen Stift eine Umrisslinie.

198 Wildes Geflatter

Schneide eine einfache Form für den Körper der Henne mit weit gespreizten Flügeln aus. Zeichne die Beine so, dass sie nach der Seite waagerecht abstehen.

Die Kämme auf dem Kopf sind aufgemalt.

Die Schnäbel der Hennen sind aus rotem Papier geschnitten.

Wenn du feine Linien zeichnest, sieht es aus, als ob die Hennen rennen.

199 So bastelst du einen Fuchs

1. Bestreiche ein Zeitungspapier mit orangeroter Fingerfarbe. Wenn es getrocknet ist, zeichnest du diese Form hier ab und schneidest sie aus.

2. Mit einem schwarzen Holzstift malst du den Umriss. Dann malst du den Pelz. Dafür nimmst du einen Wachsmalstift und ziehst ein paar Linien am Rücken und Schwanz.

200 Hüpfendes Huhn

Schneide ein Huhn aus mit weit ausgestellten Flügeln. Unten malst du die Beine an und ziehst daneben einen Strich – so sieht es aus, als ob das Huhn hüpft.

201 Ganz schön zornig!

Gestalte einen aufgestellten Flügel. Dafür klebst du zwei Streifen Papier aneinander. Ziehe dann einen schrägen Strich für die Augenbrauen.

202 Fingerfarben-Sterne

Tauche einen Finger in dickflüssige, blassgelbe Farbe und verteile ein paar Tupfer quer über den Himmel.

Die Füße dieser Hühner sind aus roten Papierschnipseln.

203 Ein ängstliches Hühnchen

Male dem laufenden Huhn ein kleines, schiefes „v" für ein zugekniffenes Auge auf.

Es macht nichts, wenn die Wachsmalkreide über die Umrisslinie schmiert.

204 Ach du Schreck!

Schneide zwei Formen für den Schnabel der Henne und klebe sie in weitem Abstand auf. Die Augen zeichnest du als große Ovale und machst in der Mitte einen dicken schwarzen Punkt als Pupille.

So viele Menschen!

205 Papiermensch

Nimm einen Filzstift und zeichne eine Person mit einem rechteckigen Körper und einem runden Gesicht. Dann ziehst du sie an: Schneide dafür Stücke aus buntem Papier und klebe sie auf.

Lass dich von den Leuten hier Inspirieren!

206 Riese

Zeichne eine Person mit ellenlangen Beinen. Du kannst ihm noch einen ganz langen Hut aufkleben.

Schleife oder Fliege?

207 Kleiner Knirps

Zeichne eine kleine Person mit kurzen Armen und Beinen und einem kleinen Körper.

Mit einem rosa Buntstift kannst du rosige Bäckchen malen.

208 Regenwolke

Schneide eine Wolke aus Papier aus. Klebe sie auf dein Bild und zeichne eine Umrisslinie. Dann malst oder klebst du Regentropfen dazu.

Wenn du willst, klebe Menschen mit einem Regenschirm unter die Wolke.

209 Hund

Nimm am besten Papier mit „haarigem“ Design, um das Fell zu markieren und klebe noch ein gemustertes „Mäntelchen“ auf.

Schachtelmonster

Alle Monster auf dieser Doppelseite sind aus alten Pappschachteln, die umgestülpt wurden, damit man die Aufschriften nicht mehr sieht.

210 Große Klappe

Reiße alle unnötigen Fetzen von der Pappschachtel ab.

1. Ganz vorsichtig löst du nun sämtliche Verbundstellen.

Damit alles gut zusammenhält, verstärkst du die Kanten mit Klebstoff oder Tesafilm.

2. Dann knickst du die Faltkanten ganz nach hinten um und faltest die Schachtel mit den unbeschrifteten Seiten nach außen wieder zusammen.

3. Aus einem Pappschnipsel schneidest du dicke Lippen und klebst sie auf. Die Mundöffnung malst du mit einem schwarzen Filzstift aus. Zum Schluss bekommt dein Monster noch Augen.

211 Zähne

Schneide Papierzähne aus und klebe sie an die Lippe. Du kannst runde oder spitze Zähne schneiden.

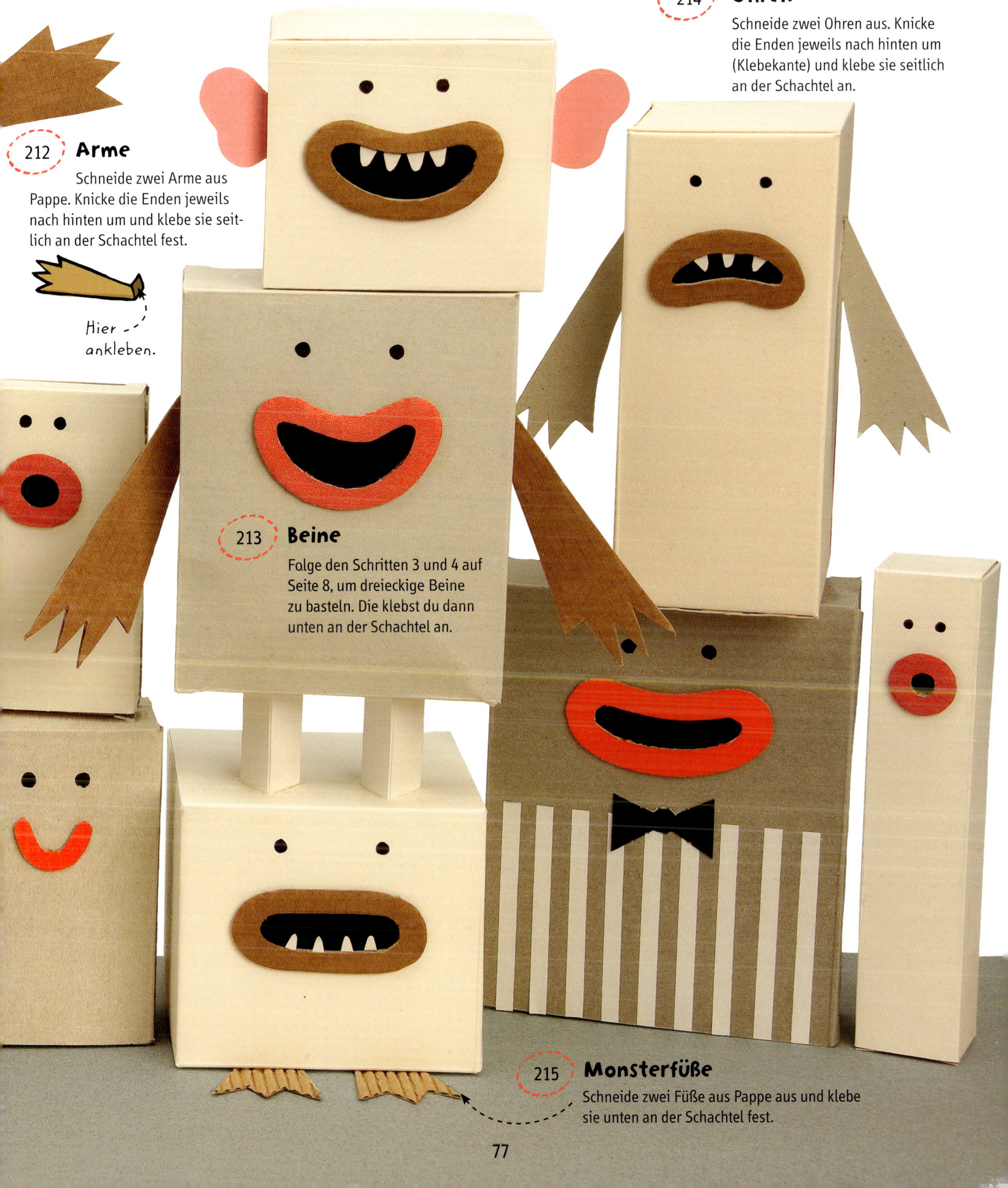

212 **Arme**

Schneide zwei Arme aus Pappe. Knicke die Enden jeweils nach hinten um und klebe sie seitlich an der Schachtel fest.

213 **Beine**

Folge den Schritten 3 und 4 auf Seite 8, um dreieckige Beine zu basteln. Die klebst du dann unten an der Schachtel an.

214 **Ohren**

Schneide zwei Ohren aus. Knicke die Enden jeweils nach hinten um (Klebekante) und klebe sie seitlich an der Schachtel an.

215 **Monsterfüße**

Schneide zwei Füße aus Pappe aus und klebe sie unten an der Schachtel fest.

Schnellimbiss

Alle Speisen und Getränken auf dieser Doppelseite sind aus Papierschnipseln gemacht, die grob mit Farbe bepinselt wurden (siehe Seite 16).

216 Reich gedeckte Tafel

Lass dich von diesen Ideen hier inspirieren, um deine Tafel reich zu decken.

Zum Beispiel kannst du ein Schälchen mit Ketchup machen.

217 Eiscreme

Mische ein wenig rosa und weiße Farbe und vermale sie mit einem Pinsel kreisförmig auf einem Blatt Papier. Wenn die Farbe trocken ist, schneidest du eine Eiscremekugel aus.

218 Hamburger

Schneide die Formen für das Brötchen aus und belege es mit Salat, einer Frikadelle, Käse und Tomaten (oder was dir sonst noch so einfällt).

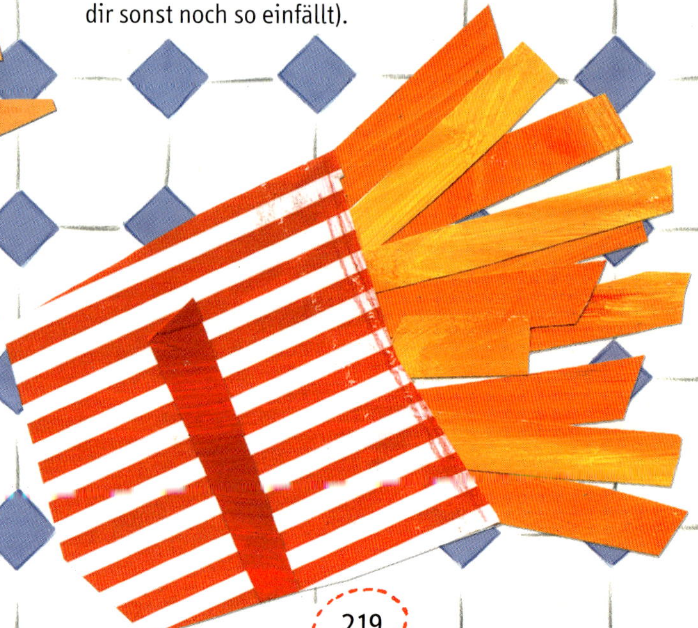

219 Pommes

Für die Pommes schneidest du viele Streifen aus orangegelbem Papier. Für die Tüte nimmst du gestreiftes Papier.

220

220 Heißer Kaffee

Für den Kaffeedampf nimmst du Pastellkreide. Male zuerst viele Linien auf, die du dann mit dem Finger ein wenig verreibst.

221

Salat

Schneide grünes Papier für die Salatblätter. Gib rote Tomaten, orangefarbene Karotten und schwarze Oliven hinzu.

Die Linien im Salat werden mit dem Pinselstiel in die dickflüssige Farbe gekratzt.

222

Kuchen

Lass dich von den Ideen auf diesen Seiten inspirieren, um Kuchen oder kleine, süße Stückchen aus Papierschnipseln zu gestalten.

Für die Servietten kannst du Geschenkpapier oder Zeitungspapier verwenden.

223

Pizza

Schneide ein Dreieck für die Pizzaschnitte und belege es mit z. B. Käse, Tomaten und Oliven.

Papierschmetterlinge

224 So machst du einen Schmetterling

1. Falte zwei Blatt Papier jeweils in der Mitte. Zur Falzkante hin zeichnest du die Umrisse eines halben Flügels (so wie hier) und schneidest sie aus.

Nun öffnest du die Faltung und hast zwei Flügelpaare. Male mit kleinen Strichen und Punkten noch fix ein Muster auf. Es muss nicht so genau sein.

3. Klebe das eine Flügelpaar über das andere so, dass sie sich ein wenig überlappen.

4. Für den Schmetterlingskörper schneidest du ein Stück von einem Pfeifenputzer ab und klebst es entsprechend auf.

225 Mit Wachsmalkreide

Bevor du die Flügelpaare aneinander klebst, male große Flecken mit Wachsmalkreide auf und verschmiere sie ein wenig.

228 Fühler

Schneide zwei sehr dünne Fühler aus schwarzem Papier und klebe sie oben am Körper fest.

227 Fingerfarbenflügel

Tauche einen Finger in schwarze Farbe und mache damit ein paar Kleckse am Flügelrand.

226 Schmetterlingskörper

Rolle ein Stück Papier aus einer Zeitschrift zu einer festen Zapfenform auf und befestige es mit einem Stück Klebeband. Dann klebst du es zwischen die Flügel.

Winterliches Treiben

229 So machst du den Hintergrund

Schneide Gebäude aus und klebe sie an den oberen Bildrand. Mit einem Pinsel malst du dickflüssige, weiße Farbe über das ganze Blatt. Es liegt schließlich Schnee.

Du kannst auch ein paar Hunde malen, die gerade Gassi geführt werden.

230 Papiermenschen

Schneide die Formen für Mäntel, Jacken und lange Ärmel aus. Dann klebst du sie auf dem Blatt zusammen und malst noch Köpfe und Stiefel oder Schuhe dazu.

231 Vorsicht, Rutschgefahr!

Klebe den Körper schräg auf. Beide Arme sind ausgestreckt, und auch ein Bein hängt in der Luft.

Füge ein paar kleine Bewegungslinien hinzu.

233 **Schnee**

Mit der Pinselspitze trägst du viele weiße Flocken auf.

232 **Menschen am Horizont**

Schneide die Formen für die Kleidung aus, und zeichne Köpfe und Füße dazu. Verzichte auf Details.

234 **Details** Du kannst Gesichter ausmalen, den Frauen Handtaschen an den Arm hängen oder jemandem Handschuhe anziehen.

Vögel im Baum

235 So machst du einen Baum

Falte ein Blatt Papier in der Mitte. Zur Faltkante hin zeichnest du die Umrisse eines halben Baumes – so wie hier – und schneidest sie aus. Dann öffnest du das Papier wieder und legst es flach vor dich hin.

237 Collage

Klebe den Baum auf ein Blatt Papier. Dann schneidest du Papiervögel aus und klebst sie auf. Die Vogelbeinchen kannst du mit Buntstift malen, die Augen mit einem Filzstift.

236 Vogelgesellschaft

Falte ein Blatt Papier zweimal mittig. Zeichne darauf einen Vogel und schneide ihn aus. So hast du gleich vier Vögel auf einmal.

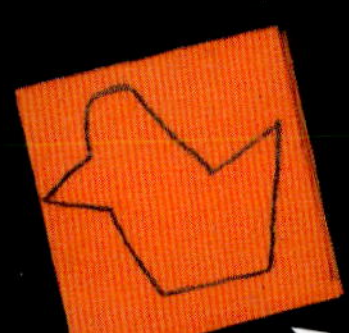

239 Flieg, Vogel, flieg!

Schneide ein Paar Flügel aus Papier und klebe sie dem Vogel auf den Rücken. Die Beine zeichnest du schräg vom Bauch nach hinten.

238 Nistende Vögel

Für das Nest klebst du viele kleine Papierstreifen kreuz und quer übereinander.

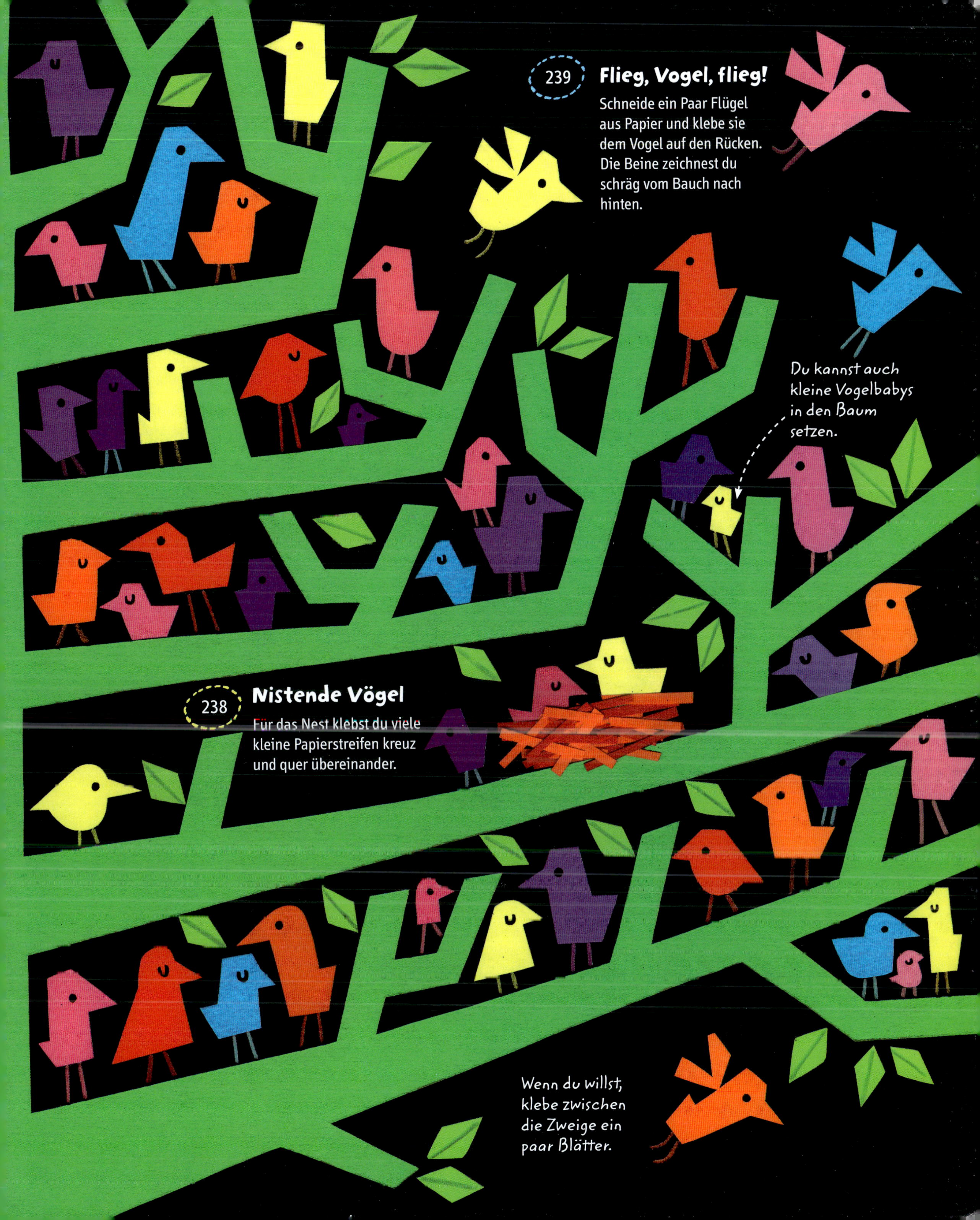

Kunterbunte Tierwelt

Lass dich von den Ideen auf diesen zwei Seiten anregen, um mit allerlei bunten Schnipseln aus alten Zeitschriften und Geschenkpapieren verschiedene Fantasietiere zu gestalten.

240

Vogelriese

Klebe viele bunte Papierschnipsel übereinander, um einen langen Hals zu bekommen, auf den du dann einen Kopf mit einem Schnabel setzt.

241

Dinosaurier

Schneide zuerst die Formen für Körper, Hals und Schwanz aus. Dann fügst du Beine und Kopf hinzu.

Mache eine Maus mit langen Barthaaren

Klebe viele Papierstücke auf die Beine.

Du könntest einen Hund mit Streifen auf den Ohren, Füßen und Schwanz basteln.

242

Das Tanzbein schwingen

Der Vogel schwingt sein Bein hoch in die Luft – damit es auch wirklich so aussieht, klebst du die beiden Beine in einem weiten Winkel voneinander entfernt an.

243 Fuchs

Für Körper und Schwanz nimmst du verschiedene Papierbögen. Dann fügst du Beine, Augen, Ohren und Barthaare hinzu und gibst ihm ein bunt gestreiftes Fell.

244 Löwe

Klebe ein paar Augen auf und einen Papierstreifen für das Maul. Dann zeichnest du Nase, Pupillen und Brauen auf.

245 Fantasiekreatur

Schneide Fantasietiere aus und beklebe sie nach Lust und Laune – eine „Kuh“ mit Fühlern etwa, so wie diese hier.

Dieser Hund ist aus vielen Seidenpapier- und Geschenkpapiereckchen gestaltet.

Versuche, aus vielerlei bunten Schnipseln einen Körper zu gestalten.

246 Schlange

Schneide viele kleine Papierschnipsel und klebe sie hintereinander, bis eine lange Schlange entsteht. Zum Schluss fügst du noch eine gespaltene Zunge an.

Aquarium aus Seidenpapier

247 So machst du einen Fisch

1. Nimm einen Bleistift, um Umriss, Auge und Flossen zu zeichnen. Dann reißt du ein Stück Seidenpapier so zurecht, dass es in etwa so groß ist wie dein Fisch.

2. Klebe das Seidenpapier auf deinen Fisch. Wenn der Klebstoff getrocknet ist, zeichnest du die Umrisslinien mit einem schwarzen Filzstift noch einmal nach.

249 Streifenfisch

Reiße Seidenpapier in Streifen und klebe sie nebeneinander auf den Seidenpapierfisch. Es macht gar nichts, wenn sie etwas überstehen.

248 Fischschwarm

Zeichne viele Fische dicht beieinander. Beklebe sie mit verschiedenen Seidenpapieren, die sich ruhig auch ein Stückchen überlappen dürfen.

251 Seepferdchen

Zeichne die Formen der Seepferdchen, die hier zwischen den Fischen schwimmen, einfach ab.

Deine Fische können verschiedene Formen haben. Auch länglich, wie dieser gelbe Aal hier.

252 Schwertfisch

Den Schwertfisch malst du mit einer langen, schwertförmigen Schnauze, spitzen Rücken- und Schwanzflossen.

250 Algen

Zeichne ein paar Algen, beklebe sie mit grünem Seidenpapier und zeichne die Umrisslinien mit einem schwarzen Filzstift noch einmal nach.

Du kannst schwarzen Seetang malen oder Muscheln und Sand.

Dinosaurier

253 Riesendino

1. Zeichne die hier gezeigten Formen für Körper und Beine Pappe ab und schneide sie aus. Am Kopf zeichnest du ein Auge ein.

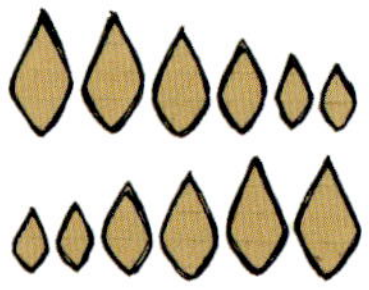

2. Schneide aus Pappresten viele unterschiedlich große Zacken.

3. Am Rücken und Schwanz entlang schneidest du Schlitze ein. Dann schneidest du die Zacken ein und steckst sie in die Schlitze.

4. Damit der Dinosaurier Zehen hat, schneidest du kleine „v“s in die Füße. Dann machst du zwei Schnitte am Bauch, einen hinten und einen vorne. Mache einen Schnitt an jedem Beinpaar und stecke nun Beine und Bauch ineinander.

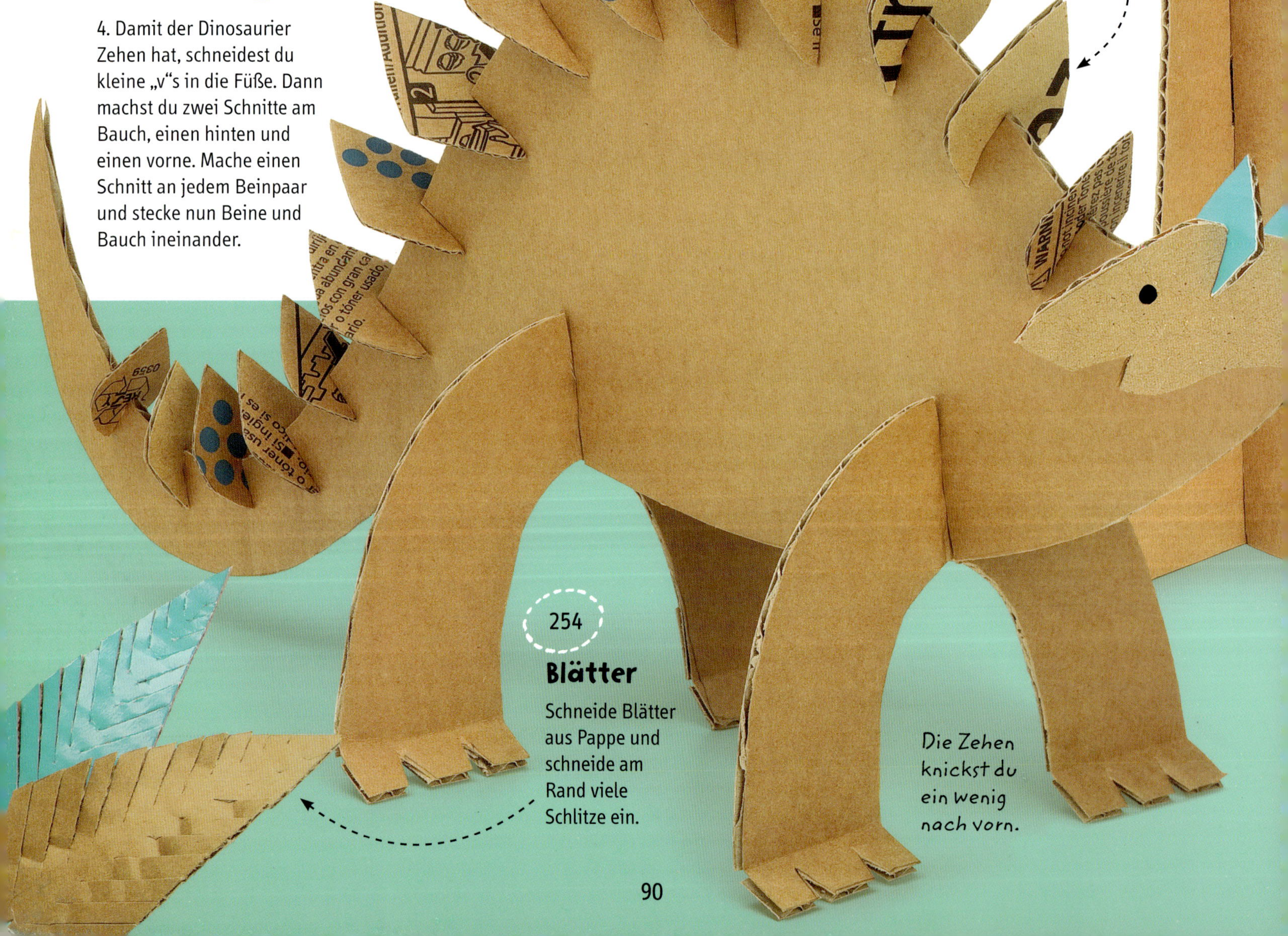

254 Blätter

Schneide Blätter aus Pappe und schneide am Rand viele Schlitze ein.

257

Baum

Für den Baum schneidest du zwei Formen wie diese hier. Schneide jeweils einen Schlitz hinein und stecke sie ineinander. Dann schneidest du Blätter aus und steckst sie auf.

255

Stegosaurus

Für den Stegosaurus mit seinen vielen Knochenplatten überträgst du diese Formen auf ein Stück Pappe:

256 **Pflanze**

Schneide zwei kurze Formen für den Stamm aus und stecke sie ineinander. Schneide sie ein und schiebe die Blätter hinein.

Monsterparty

258 Einfaches Monster

Über die Augen kannst du buschige Brauen malen.

Schneide eine Form für das Monster aus und klebe sie auf Papier. Dann schneidest du eine Nase aus und klebst sie auf die Form. Mit einem schwarzen Filzstift umrandest du die Konturen des Monsters. Augen und Mund kommen zum Schluss.

259 Monster-Collage

Gestalte viele verschiedene Monster und klebe sie so auf Papier, dass sie sich hier und da überlappen. Umrande jedes Monster mit einem schwarzen Stift. Unterbreche die Linie, wo sich Monster überschneiden.

260 Zottelmonster

Wenn du den Umriss wellig schneidest, sieht es aus, als ob das Monster ein zottiges Fell hat.

262

Zähne

Du kannst die Zähne mit einem weißen Buntstift malen oder ausschneiden und aufkleben.

261

Monster T-shirt

Schneide aus Papier eine T-Shirt-Form aus und klebe es dem Monster auf. Dann erst umrandest du es mit einem schwarzen Stift.

Die dicken Lippen dieses Monsters sind aus Papier geschnitten. Die Mundöffnung ist mit einem schwarzen Filzstift ausgemalt.

Wäsche auf der Leine

Alle Kleidungsstücke auf dieser Doppelseite sind aus bunten Papierschnipseln und Stoffresten gemacht. Die Wäscheleinen sind aus einem großen, braunen Briefumschlag geschnitten.

263 **Haus** Nimm Rechenpapier oder Millimeterpapier und male einzelne Karoreihen mit einem Buntstift aus, sodass geradlinige Streifen entstehen. Für das Dach schneidest du ein Dreieck und klebst es auf. Dann schneidest du ein paar Fenster aus. Zum Schluss klebst du einen Papierstreifen schräg an das Dach und malst die Ziegel auf.

264 **Kritzelwolke**

Nimm einen Buntstift und bekritzle ein Blatt Papier nach Lust und Laune. Dann schneidest du eine Wolkenform aus und klebst sie auf dein Bild.

265 **Wäscheleine**

Schneide dünne, leicht gebogene Streifen und klebe sie auf dein Bild. Die Kleidungsstücke klebst du in einer Reihe daran entlang. Jetzt brauchst du noch Wäscheklammern. Die malst du als kleine Striche darüber.

266 **Strümpfe**

Schneide aus einem Stoffrest ein Paar Strümpfe aus. Oder noch besser: aus einem alten Socken!

Diese Kritzelei wurde mit einem hellen und dunklen blauen Buntstiften auf Pauspapier gemalt.

268 **Vögel**

Zwischen den Wolken fliegen Vögel. Die kannst du mit Filzstift malen.

267 **Blumenkleid**

Schneide ein Kleid aus blumig gemustertem Geschenkpapier oder einem Stoffrest. Kleine Muster passen besser in den Maßstab.

Clown-Collage

Die Clowns auf diesen Seiten sind aus vielen verschiedenen Papierschnipseln, Geschenkpapieren und Glanzkarton von Geschenkschachteln gemacht.

269 Zylinder

Schneide die Hutform aus und klebe sie dem Clown schräg auf den Kopf. Gestalte eine Papierblüte und klebe sie ebenfalls schräg auf den Hut. Den Blütenstängel malst du dazu.

Wenn du willst, mache noch einen welligen Stehkragen.

Du kannst deinen Clown auf einem Einrad fahren lassen.

270 So machst du einen Clown

1. Schneide zuerst Körper und Beine aus und klebe sie auf ein Blatt Papier. Dann fügst du Arme und Füße hinzu.

2. Schneide ein paar Haarbüschel aus und klebe sie in Kopfhöhe an. Dann fügst du Nase, Mund und Hut dazu. Zum Schluss malst du die Augen auf.

271 Gebogene Schuhspitze

Schneide übergroße Schuhe mit einer nach innen gebogenen Schuhspitze aus. Du kannst auch ein paar Bommel schneiden und sie auf die Spitze setzen.

Gib ihm Bälle zum Jonglieren.

272 Halskrause

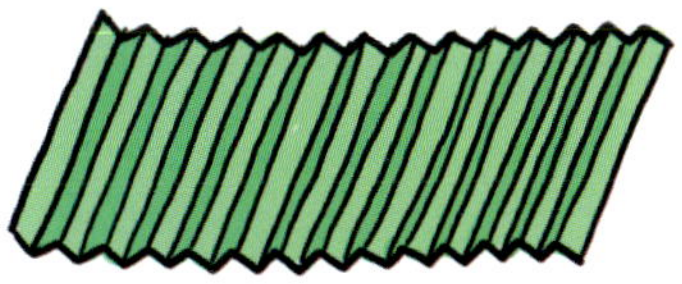

1. Nimm einen breiten Papierstreifen und falte ihn wie eine Ziehharmonika.

2. Nun klebst du zwei gegenüberliegende Ecken der „Ziehharmonika" zusammen und biegst den Rest zu einem Halbkreis auf. Fertig ist der Kragen, den du deinem Clown nun um den Hals kleben kannst.

Dieser Kragen ist aus Glanzkrepp gemacht.

273 Akrobaten

Mache zwei Clowns und klebe sie so auf, dass der eine auf den Schultern des anderen steht.

274 Balance-Akt

Der Clown spreizt Arme und Beine. Klebe sie so auf, dass sie in verschiedene Richtungen zeigen. Schneide einen Kreis aus Papier für den Ball und klebe Dreiecke auf.

Elefantenparade

275 So machst du einen Elefanten

1. Übertrage die Form für den Elefanten auf ein Stück Tonkarton und schneide sie aus.

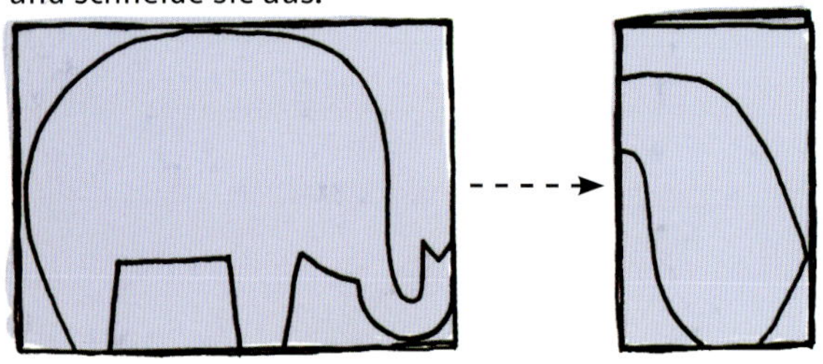

Die Beine und der Rüssel sollten die Ränder berühren.

2. Falte ein weiteres Stück Tonkarton in der Mitte. Zur gefalteten Kante hin zeichnest du den Umriss für das Ohr. Die untere Kante bleibt gerade.

3. Mache einen kleinen Schnitt zwischen den Ohren. Einen etwas längeren Schnitt machst du am Körper, dort, wo die Ohren sitzen sollen, wie hier.

4. Zeichne dann ein Auge ein. Nun steckst du die Ohren auf. Achte darauf, dass Beine, Rüssel und Ohren auf einer Linie sind, damit der Elefant aufrecht steht.

276 Elefantenbaby

Male die gleichen Formen noch einmal ab, nur kleiner.

277 Prachtvolle Decken

Beklebe ein Stück Tonkarton auf beiden Seiten mit gemustertem Papier und schneide dann erst die Form für die Decke aus.

278 Sitzendes Vögelchen

Schneide eine einfache Vogelform mit einer kleinen Ecke unten am Bauch aus. An dieser Ecke klebst du den Vogel am Elefantenrücken fest.

279 Stoßzähne

Schneide zwei Stoßzähne aus und klebe sie rechts und links über dem Rüssel an.

280 Zehennägel

Stanze mit dem Locher weißes Papier aus und schneide die Enden ab.

Du kannst auch ein Dreieckstuch oben am Kopf aufkleben.

281 Indischer Elefant

Schneide gemustertes Papier für eine Decke aus. Am unteren Ende klebst du einen Papierstreifen an, in den du schmale, lange Fransen schneidest. Klebe die Decke auf den Rücken und schneide sie oben in Form.

Ganz schön modisch!

Die schicken Kostüme dieser Püppchen sind aus bunten Papiermuffinförmchen und gemusterten Seiten aus alten Zeitschriften geschnitten.

Diese Spitzenborten sind aus Tortenpapier geschnitten.

282 So machst du eine Puppe

1. Zeichne eine einfache Form für den Körper der Puppe auf, schneide ihn aus und klebe ihn auf ein Blatt Papier.

2. Streiche ein Papiermuffinförmchen glatt und schneide davon zwei Stücke heraus – ein kleineres für ein enges Oberteil und ein größeres für einen Rock.

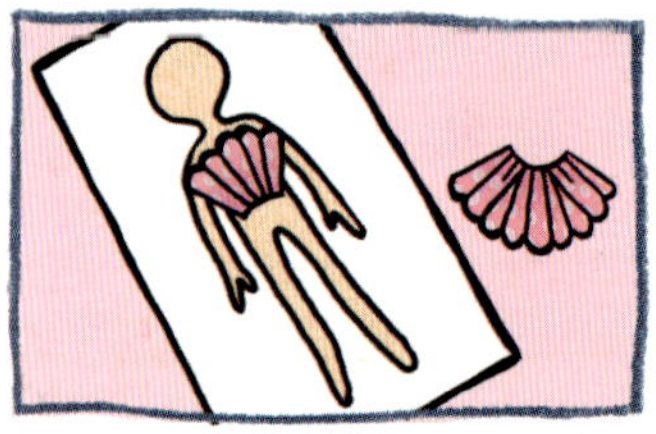

3. Das Oberteil klebst du deiner Puppe an. Das Röckchen drückst du am oberen Rand so zusammen, dass es perfekt auf der Taille sitzt und klebst es fest.

4. Schneide einen Papierstreifen aus und klebe ihn als Gürtel an. Nun schneidest du noch hübsche Schuhe aus. Zum Schluss malst du mit einem Filzstift Gesicht und Haare.

283 Accessoires

Schneide ein paar modische Accessoires aus wie Taschen, Schleifen, Hüte oder Sonnenbrillen.

Stöckelschuhe

284 Schneide Schuhe oder Stiefel mit schmalen Streifen für die hohen Hacken aus.

285 Knöpfe

Als Zierde an Hut oder Rock kannst du einen alten Knopf ankleben.

Dieses Papier zeigt eine Großaufnahme von einem Strickmuster. Es stammt aus einer alten Zeitschrift.

286 Ballkleid

Schneide ein enges Oberteil und einen langen Rock aus und klebe beides auf deine Puppe. Für den Gürtel schneidest du einen Papierstreifen aus.

Ein Foto von einer Blume

Male ein paar Accessoires wie ein Armband oder einen Haarreif dazu.

287 Hündchen

Male mit einem feinen Filzstift einen kleinen Hund. Dann schneidest du ihm ein Mäntelchen aus buntem Papier und klebst es auf.

Frisuren kannst du ausschneiden oder aufmalen.

288 Faltenrock

Streifen aus buntem Papier klebst du fächerformig aneinander, sodass sie sich überlappen.

Häusermeer

Orientiere dich an den Ideen auf diesen Seiten, und gestalte allerlei Gebäude in verschiedenen Formen und Größen mit verschiedenen schwarz-weißen Mustern.

289 So machst du einen Wolkenkratzer

1. Zeichne Linien quer und längs über ein weißes Blatt Papier.

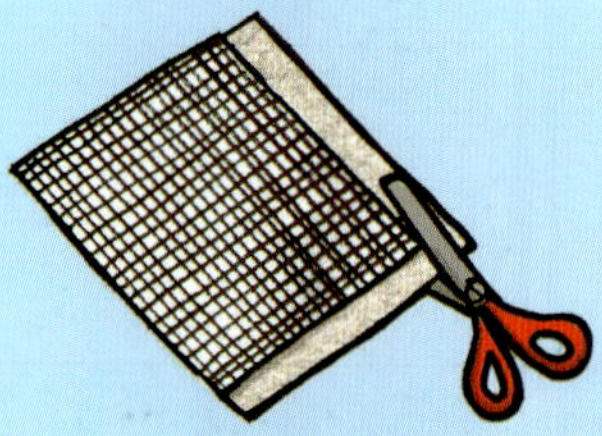

2. Klebe das Blatt dann auf einen dünnen Tonkarton.

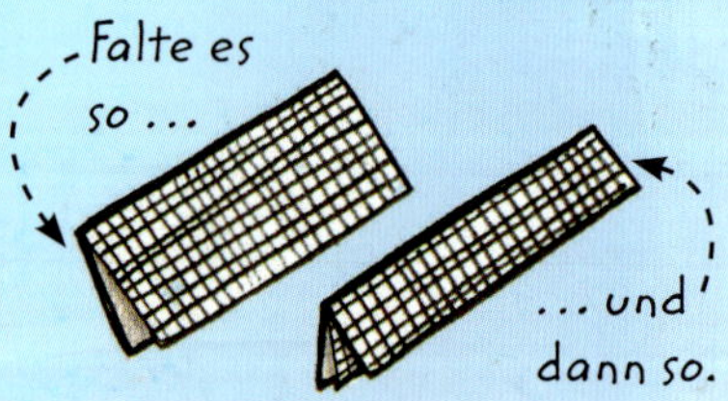

3. Falte den Tonkarton zweimal mittig und falte ihn dann wieder auf.

4. Die beiden Längsseiten befestigst du nun aneinander, um einen hohen Wolkenkratzer zu bekommen.

290 Runder Turm

Verziere einen dickeren Pappstreifen mit schwarzen Mustern, forme ihn zu einer Rolle und klebe die Enden zusammen.

291 Zeitungsgebäude

Beklebe die Fassade mit Zeitung anstatt sie anzumalen.

292 Antennenmasten

Schneide schmale Kartonstreifen aus oder mache dünne Röllchen aus Papier und klebe sie jeweils von innen an die Hochhäuser.

293 Dach

Schneide einen Papierstreifen, der genau so breit ist wie das Gebäude. Klebe das eine Ende von innen am Gebäude fest. Dann biegst du das andere Ende zur gegenüberliegenden Seite und klebst es dort ebenfalls fest.

294 Dreieckiger Turm

Folge den Schritten 3 und 4 auf Seite 8, um die Pappe in eine dreieckige Form zu falten.

Diese Statue ist aus zusammengeknüllter Alufolie geformt.

295 Fensterfront

Zeichne reihenweise Rechtecke auf ein Blatt Papier und klebe das „Fensterblatt“ dann auf.

Stolze Burg

296 So machst du eine Burg

1. Schneide ein Rechteck für den Hauptteil der Burg und klebe es auf ein schwarzes Stück Papier. Dann fügst du Zinnen, Wehrgänge und Türme hinzu.

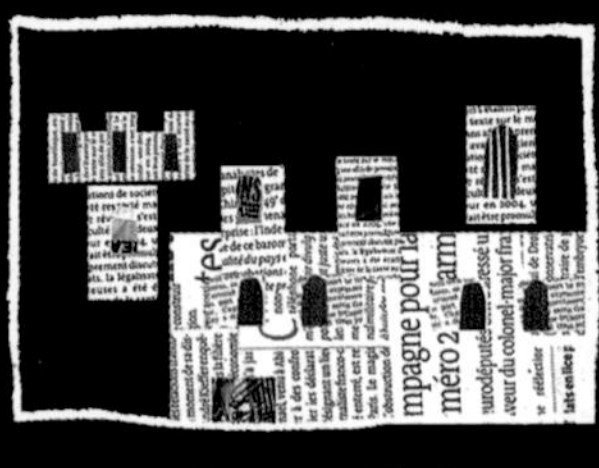

2. Schneide verschiedene Fensterformen aus dunkelfarbigen Bildern, Fotos oder Zeitungen aus und klebe sie auf.

3. Für runde Fenster nimmst du Verstärkungsringe.

297 Leiter

Schneide zwei Papierstreifen auf die gleiche Länge und klebe sie in einigem Abstand nebeneinander. Quer dazu klebst du ein paar kürzere Streifen als Stufen.

298 Gefechtstürme

Schneide dreieckige Dächer und klebe sie oben auf die Turmspitzen.

299

Flaggen

Schneide einen schmalen Papierstreifen für den Mast und klebe ein paar Flaggen an.

300

Fledermäuse

Schneide fliegende Fledermäuse aus und klebe sie um die Burg herum.

Du kannst auch ein paar gebogene Streifen schneiden, um Seile zu markieren.

301

Armee

Für das Heer der Soldaten schneidest du einfache Papiermännchen aus und klebst sie um die Burg herum. Die spitz zugeschnittenen Papierstreifen sind die Speere.

Sportstadion-Collage

302 **So geht's:**

Für das Stadion schneidest du ein Oval aus und klebst es in die Mitte auf ein Blatt Papier. Ringsum gestaltest du Gärten und Parks in unterschiedlichen Formen. Dann fügst du noch allerlei Häuser hinzu und zeichnest Straßen ein.

303 **Sackgasse**

Eine Sackgasse entsteht, wenn du ähnliche Häuser um ein Stück Grün herum klebst.

305 **Stadion**

Klebe zuerst
rotes Rechtec
auf. Darauf
klebst du dan
ein grünes.
Ringsum
zeichnest du
die Tribüne.

304 **Straßencafé**

Zeichne große Fenster, einen Sonnenschirm und ein paar Stühle.

306 **Wohnblocks**

Schneide lange Rechtecke aus und zeichne darauf viele Fensterreihen ein.

307 **Park**

Am Saum des Parks stehen viele Bäume.

Verschlafene Katzen ...

308

Beklebe einen farbigen Tonkarton mit gemustertem Papier. Dann zeichnest du die Formen auf, die du hier siehst.

Zeichne diese Form für den Körper... Kopf... Pfoten... Schwanz.

2. Klebe Kopf und Schwanz auf den Körper. Füge auch ein kleines Näschen hinzu. Zum Schluss malst du der Katze ein Gesicht. Vergiss die Schnurrhaare nicht!

3. Unten am Körper machst du einen kleinen Schnitt. An den Pfoten machst du von oben ebenfalls einen Schnitt von gleicher Länge. Dann schiebst du beide Teile ineinander.

Knicke die Pfoten etwas nach vorn, damit die Katze nicht umfällt.

Alle Hunde und Katzen auf dieser Seite sind aus Geschenkpapierresten gemacht.

... und dösende Hunde

309

Beklebe einen farbigen Tonkarton mit gemustertem Papier. Dann zeichnest du die Formen auf, die du hier siehst.

Zeichne diese Form für den Körper... Kopf...

Pfoten... Hinterbein.

2. Klebe Kopf und Hinterbein auf den Körper. Zeichne Augen und Nase. Dann folgst du Schritt 3 wie oben beschrieben, um Körper und Pfoten ineinander zu fügen.

Wenn du willst, zieh deinem Hund ein buntes Mäntelchen an.

310

Wuschel

Male mit einem Buntstift viele kleine Striche auf Kopf, Pfoten und Schwanz, bevor du den Hund dann zusammenbastelst.

Papierperlen

311 So machst du eine Perle

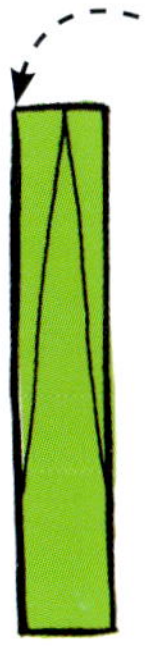

1. Schneide einen schmalen Papierstreifen, der so hoch ist wie dieses Buch. Dann markierst du die Mitte der oberen Kante mit einem Punkt und zeichnest von unten zwei Linien, die sich an diesem Punkt treffen.

2. Schneide nun entlang der Linien. Dann trägst du Klebstoff auf. Den unteren Rand sparst du aus und trägst den Klebstoff erst etwa zwei Zentimeter über dem unteren Rand auf.

3. Den unteren Rand wickelst du nun fest um einen Strohhalm und rollst den Streifen gleichmäßig und glatt bis zum Ende auf. Dann ziehst du die Perle vom Strohhalm ab und lässt den Klebstoff trocknen.

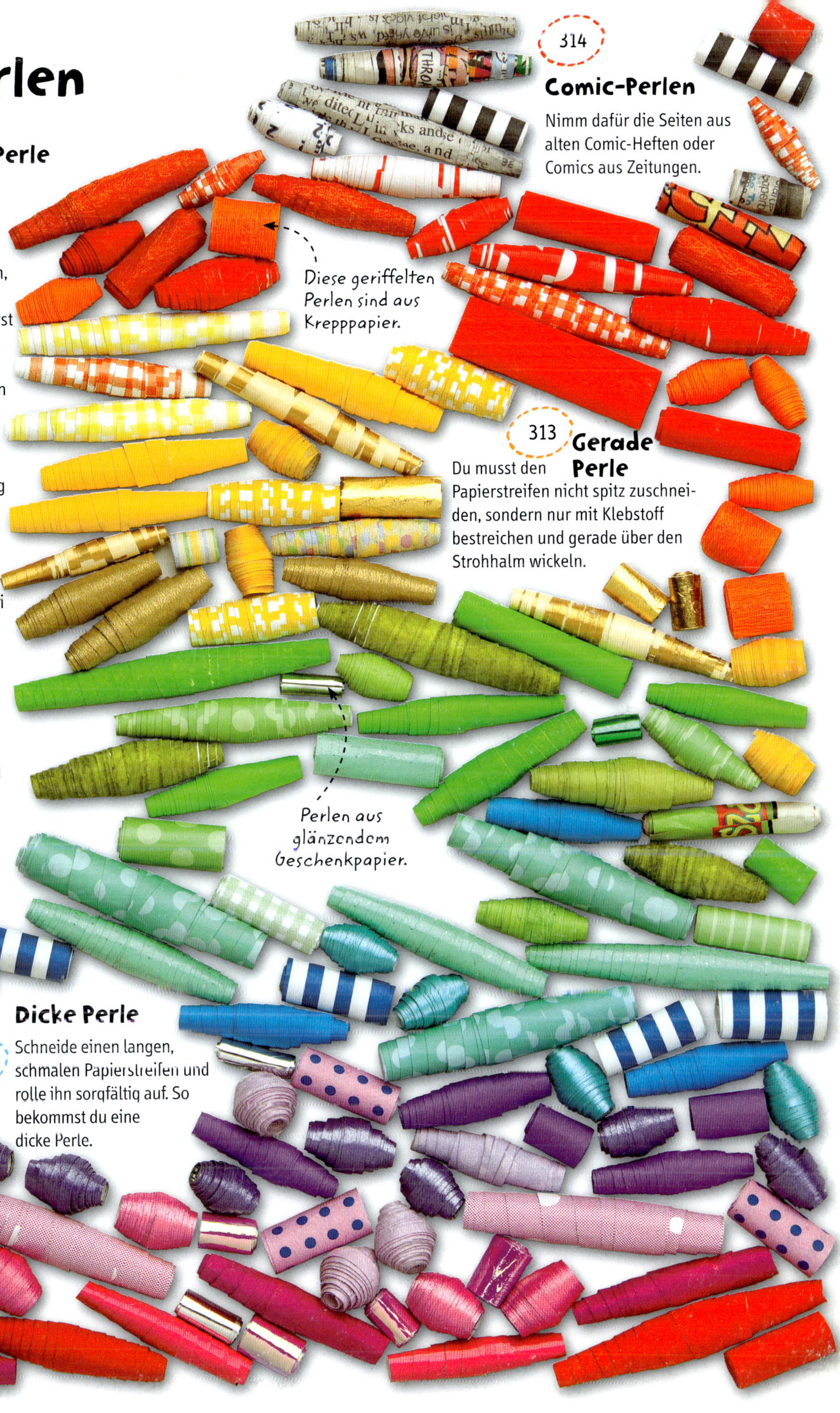

312 Dicke Perle

Schneide einen langen, schmalen Papierstreifen und rolle ihn sorgfältig auf. So bekommst du eine dicke Perle.

313 Gerade Perle

Du musst den Papierstreifen nicht spitz zuschneiden, sondern nur mit Klebstoff bestreichen und gerade über den Strohhalm wickeln.

314 Comic-Perlen

Nimm dafür die Seiten aus alten Comic-Heften oder Comics aus Zeitungen.

Blumen und Schmetterlinge

315 Einfache Blume

1. Schneide einen Kreis für die Mitte der Blume aus und klebe ihn auf ein Stück Papier. Dann schneidest du einen schmalen Stiel und fügst ihn hinzu.

2. Falte ein Blatt Papier einige Male mittig aufeinander. Dann schneidest du die Form eines Blütenblattes aus und hast viele Blüten auf einmal. Die klebst du um einen Kreis herum. Zum Schluss fügst du noch Blätter hinzu.

316 Schmetterling

Falte ein Blatt Papier in der Mitte. Zur Falzkante hin zeichnest du die Umrisse eines halben Schmetterlingsflügels, wie hier. Schneide ihn an den Linien entlang aus. Falte das Blatt auf und klebe den Flügel an.

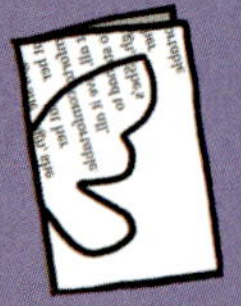

Die Fühler zeichnest du mit einem weißen Buntstift.

317 Handgemalte Blätter

Blätter und Stiel musst du nicht unbedingt schneiden und kleben. Du kannst sie auch mit einem Buntstift aufmalen.

319 Buntes Blumenbild

Gestalte viele bunte Blumen, große und kleine, und klebe sie auf einen Bogen Papier. Sie dürfen sich ruhig auch ein wenig überschneiden.

Klebe einen kleinen Schmetterlingskörper aus Papier zwischen die Flügel.

318 Staubgefäße

Zeichne rings um den Blütenkreis ein paar Striche mit kleinen Ovalen obenauf.

Vorratsschrank

320 Dicht gestapelt

Mit den Ideen auf diesen Seiten gelingt es dir ganz leicht, die Regale mit jeder Menge Flaschen, Gläser und allerlei anderen Dingen zu füllen. Zeichne zuerst die Linien für die Regale und klebe dann die einzelnen Gegenstände auf.

321 Einweckglas

Zeichne ein Glas mit einem Deckel. Den Deckel schraffierst du mit feinen, geraden Linien. Dann schneidest du ein Etikett aus Papier und klebst es auf das Glas.

322 Kleines Törtchen

Male zuerst das Tortenförmchen. Dann schneidest du ein farbiges Papier leicht gewölbt aus und klebst es dem „Törtchen“ obenauf.

Stelle ein Spaghetti-Glas ins Regal!

323 Stifte aufbewahren

Schneide ein paar Papierstreifen als Griffe für Füller und Pinsel aus. Mit einem dünnen Filzstift malst du Federspitzen und Pinselhaare.

324 Eier

Male eine Eierschachtel. Schneide halbe Eierformen aus braunem Papier aus und klebe sie auf.

Schau in Prospekten nach Fotos von Lebensmitteln und klebe sie auf.

Dieser Deckel ist mit roten und weißen Papierstreifen beklebt.

325 Ölflasche

Schneide die Form einer Flasche aus und male dann einen Stöpsel auf oder einen Korken, der in der Flasche steckt.

Geisterwald

Dieses Bild wurde mit dickflüssiger, schwarzer Farbe auf braunes Packpapier gemalt. Male zuerst die Bäume und gestalte das Bild dann nach den hier gezeigten Ideen aus.

326 Schlange

Male eine sich windende Schlange, die von einem Ast hängt. Füge eine gespaltene Zunge hinzu.

327 Fledermäuse

Male Fledermäuse, die an Ästen hängen oder zwischen den Bäumen fliegen.

330

Eule

Male eine Eule, die auf einem Ast sitzt. Augen und Schnabel lässt du unbemalt.

328

Krähen

Male große Krähen mit dicken Schnäbeln, die im Geäst der Bäume hocken.

329

Spinnen und Spinnennetz

Male eine Spinne am Faden. Für Netz und Spinnenbeine nimmst du einen Filzstift.

Die Grashalme sind mit der Spitze eines dünnen Pinsels gemalt.

Aus dem Waldboden sprießen jede Menge Fliegenpilze.

Hunde-Collage

331 Einfacher Hund

1. Schneide einen rechteckigen Kopf und Körper aus Papier. Füge einen kleinen Papierkragen hinzu oder male einen Hals.

2. Nimm einen schwarzen Bleistift oder Filzstift, um Beine und Schwanz zu malen. Dann fügst du Augen, Ohren und eine Nase hinzu.

332 Gestreifter Hund

Schneide Kopf und Körper aus Abbildungen von Strichcodes in alten Zeitschriften oder auf Verpackungen aus.

Diese Flecken sind mit einem Füller gemalt.

333 Dichtes Fell

Reiße Körper und Kopf aus Wellpappe aus.

Wenn du ein paar Bewegungslinien kritzelst, sieht es aus, als ob der Hund ein Loch ausbuddelt.

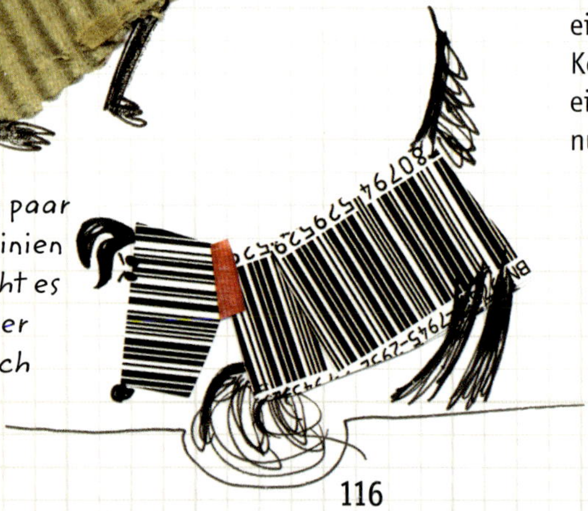

334 Platz!

Reiße oder schneide einen birnenförmigen Körper und füge dann einen Kopf hinzu. Male nur eine Pfote.

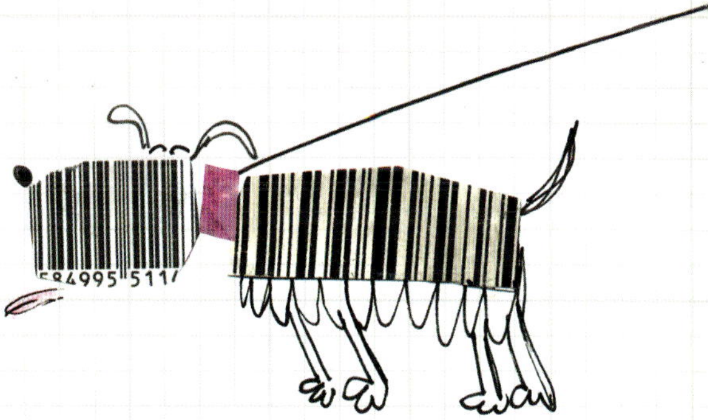

335 Schwanzwedeln

Male ein paar feine Linien, die sich in die gleiche Richtung biegen wie der Schwanz. Darüber malst du dann eine Linie quer.

Viele Kritzelstriche wirken wie ein zottiges Fell.

Mit einem rosa Buntstift kannst du eine kleine Zunge malen.

336 Großer Hund

Schneide einen langen, dünnen Körper, einen großen Kopf, einen Hals und überlange Beine.

Damit es aussieht, als ob dein Hund springt, zeichnest du ein paar Bewegungslinien unter die Hinterbeine.

337 Hund im Tiefschlaf

Die Augen zeichnest du „u“-förmig. Die Beine unter dem Körper sind ausgestreckt.

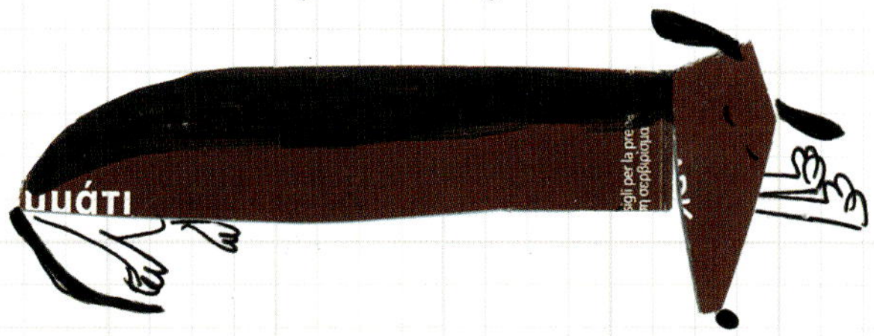

Nacht über der Stadt

338 Dachszenerie

Um ein solches Bild zu gestalten, schneidest du viele Gebäude und Dächer aus. Dann klebst du sie auf einen großen Papierbogen. Die Gebäude, die hinten stehen sollen, klebst du zuerst auf. Danach klebst du Fenster auf oder zeichnest welche mit Buntstift ein.

339 Kuppeln und Turmspitzen

Die Dächer haben vielerlei Formen: Schneide glockenförmige Kuppeln oder spitze Türme aus.

340 Dachziegel und Dachsteine

Mit einem Buntstift malst du die Ziegel „u"-förmig, die Steine geradlinig.

341 **Mond und Sterne**

Klebe einen Papiermond auf und male viele kleine Sterne an den Himmel.

Die Sterne sind alle mit weißen und gelben Buntstiften gemalt.

Manche Häuser haben auch einen Kamin.

343 **Bäume**

Zeichne wellige Formen für die Bäume, schneide sie aus und klebe sie hier und da zwischen die Häuser.

342 **Dachfenster**

Schneide Formen aus, wie hier, und klebe sie auf ein Dach. Mit einem Buntstift malst du Fensterscheiben auf.

Torten-Collage

Die Kuchen auf dieser Doppelseite sind alle aus Papierschnipseln, Pappkarton und Muffinförmchen gebastelt.

344 Mehrstöckige Torte

Schneide verschieden große Rechtecke aus und klebe sie schichtweise auf einem Papierbogen übereinander, das größte nach unten. Verziere jede Schicht mit allerlei Formen wie Herzen oder Kreise.

345 Kerzen

Schneide schmale Rechtecke aus Alufolie aus und klebe sie auf die oberste Schicht. Füge Flammen aus Seidenpapier hinzu, und male die Dochte mit einem dünnen Filzstift.

Zum Verzieren einer Kuchenschicht kannst du ein Geschenkband nehmen.

Diese welligen Streifen sind aus dem Papphalter eines Kaffeebechers geschnitten.

Füge noch eine karierte Tischdecke hinzu.

346 Fantasievoller Kuchenständer

Nimm einen Filzstift, um einen Kuchenständer auf einer kunstvollen Kuchenplatte zu malen. Die verschnörkelten Linien wirken sehr ausgefallen.

347 Stufentablett

Schneide einen langen Papierstreifen für den Mittelteil. Ein paar kürzere Streifen klebst du als Stufen übereinander. Schneide dann zuerst die Formen für die Törtchen aus, klebe dann die Papierförmchen obenauf und verziere das Ganze.

Dieses Papierförmchen ist aus gestreiftem Papier geschnitten.

348 Zierdeckchen

Schneide ein wenig Tortenspitzenpapier aus und klebe es auf die Stufen.

Dieses Herz ist aus Seidenpapier geschnitten.

Hier flackert eine Kerze auf dem Törtchen.

Kuchenförmchen aus Wellpappe.

349 Muffinförmchen

Schneide ein Stück von einem echten Muffinförmchen ab und verwende es für dein Bild.

Menschenmenge

350 Gesichter in der Menge

1. Reiße viele Papierschnipsel aus und klebe sie auf ein Stück Papier, sodass sie sich überlappen.

2. Schneide Formen für die Gesichter aus und klebe sie obenauf. Schneide Formen für Schulter und Haare aus und klebe sie auf.

3. Schneide Formen für Augen und Nasen aus. Zeichne Pupillen in die Augen und male Münder auf.

351 Hüte

Schneide verschiedene Hüte aus und klebe sie einigen Köpfen auf.

352 Brillen

Ein paar Menschen tragen eine Brille.

353

Im Profil

Soll das Gesicht zur Seite schauen? Dann schneide es mit einer Nase an der Seite aus.

354

Haare wie echt

Verwende Fotos mit Frisuren aus Zeitschriften.

355

Verschiedene Gesichtsausdrücke

Zeichne Münder in verschiedenen Formen – sie können lachen, besorgt oder überrascht wirken.

Ratten-Collage

Orientiere dich an den Ideen auf diesen Seiten, um eine Collage zu basteln mit allerlei Ratten, die um die Rohre wuseln.

357

So bastelst du eine Ratte

Schneide einen birnenförmigen Körper aus Papier aus. Schwanz, Beine und Ohren machst du aus rosa Papier. Klebe die Ratte dann auf ein Rohr, und male dann Augen und eine Nase auf.

Fell und Schnurrhaare malst du mit Buntstiften.

Damit der Schwanz so schön rosa aussieht, malst du zuerst Linien mit Wachsmalkreide auf und malst dann mit Wasserfarben noch einmal darüber.

Rohrbruch

356

Benutze einen schwarzen Holzstift, um Wasser zu malen, das aus einem Rohr spritzt.

Du kannst auch ein Rohr über eine Ratte kleben. Das sieht dann aus, als ob die Ratte unter dem Rohr hindurch krabbelt.

358

Rohrnetz

1. Für die Rohe schneidest du Papierstreifen und klebst sie neben- und übereinander auf einen großen Papierbogen. Über die Ecken klebst du hier und da gebogene Verbindungsstücke.

2. Schneide noch mehr Rohre aus und klebe sie so auf, dass ein weitverzweigtes Netz entsteht. Klebe auch kleine Metallplättchen mit Nieten auf.

359 Braune Ratte

Bemale ein Stück Papier mit brauner Wasserfarbe. Wenn die Farbe trocken ist, malst du das Fell mit einem braunen Buntstift auf.

Für einige Rohre kannst du auch Zeitungspapier nehmen.

Blumen aus Seidenpapier

360 **So faltest du eine Blume**

1. Lege einen Teller auf ein Stück helles Seidenpapier und umfahre den Rand mit einem Stift. Schneide den Kreis aus. Falte den Kreis dann vier Mal in der Mitte.

2. Schneide vom Rand her Formen heraus. Falte das Papier vorsichtig wieder auf und klebe es auf ein Papier.

3. Schneide weitere Muster und Formen in unterschiedlichen Größen heraus und klebe sie übereinander zu einer Blüte zusammen.

Du kannst verschiedene runde Sachen als Schablone für den Kreis benutzen – Untertassen, Becher oder Klebebandrollen.

361 **Buntes Blütenmeer**

Gestalte viele Blüten in verschiedenen Farben und Größen und klebe sie auf einen großen Bogen Papier, dass sie sich hier und da überlappen.

362 **Dichter Blütenrand**

Schneide eine Form wie diese. Viele Blütenblätter säumen hier den Rand.

Mit Locher gestanztes Konfetti

365 Herzen

Schneide zum Falz hin eines gefalteten Papiers diese Form heraus, um eine Herzform zu erhalten.

364 Schnipsel

Beim Schneiden fallen jede Menge Schnipsel ab. Klebe sie auf freie Stellen zwischen den Blüten.

363 Große Blütenscheibe

Du kannst auch einen Kreis in die Mitte der Blüte kleben, ohne ihn zu falten oder in eine Form zu schneiden.

...und wenn's ein Schaltjahr ist

366 **Raupen-Collage**

Schneide für den Kopf einen Kreis aus. Füge gemusterte Papierstreifen aneinander, damit der Körper entsteht. Klebe Augen und Fühler an. Male einen Mund und Punkte in die Augen.

Index

Impressum

Produktmanagement:
Carolin Eichenlaub
Übersetzung: Regina Schneider
Lektorat: Carolin Eichenlaub

1. Auflage 2012

Titel der Originalausgabe: 365 Things to do with Paper and Cardboard

Designed and illustrated by Erica Harrison & Antonia Miller, Additional designs and illustrations by Emily Beevers, Photographic manipulation by John Russell, Photographs by Howard Allman

Printed in China

ISBN 978-3-7724-5758-6